Table

Prologue

Dés sa victoire annoncée, le président démocratiquement élu Emmanuel Macron instaure une distance entre lui et le peuple. Refusant tout bain de foule, il traverse longuement, seul, la cour du Louvre où ses supporters se sont rassemblés.

L'équipe du président français a fait élire son poulain avec deux-tiers des suffrages exprimés; un jeune homme de 39 ans seulement, dont le parti a été créé sur Internet, il y a tout juste un an, et qui ne s'était jusque là jamais présenté à la moindre élection.

Qu'Emmanuel Macron ait travaillé pour les Rothschild, tout le monde le sait, qu'ils aient organisé son parti, c'est un secret bien gardé. Quant à l'assureur AXA, il est présidé par Henri de La Croix cinquième duc de Castries, par ailleurs président du think tank de l'Otan (le groupe de Bilderberg), de l'Institut du Bosphore (le think tank de la Turquie) et, en France, de l'Institut Montaigne (un think tank de droite).

C'est dans les locaux de l'Institut Montaigne que se sont tenues les premières réunions du nouveau parti, dont le siège social a été déclaré à l'adresse personnelle du directeur de l'Institut. Il est soutenu par tous les grands patrons du CAC40 aussi bien que par la CGT. Il ne remet pas en question la capacité des partis de droite et de gauche à défendre les valeurs dont ils se réclament, mais appelle les leaders de ces partis à le rejoindre dans le sien pour défendre leurs intérêts communs.

En effet, ses idées sur certains sujets fondamentaux pour les Français demeurent peu connues. Sur des thématiques telles que la santé, l'Education nationale, le terrorisme, l'immigration, sa vision n'a jamais été précisée. Sur tous ces sujets, Emmanuel Macron n'était certes pas appelé à prendre position en tant que ministre de l'Economie. Néanmoins, s'il s'est permis quelques pas de côté, il n'a jamais été réellement entendu sur des thèmes autres qu'économiques.

Pour l'instant, Emmanuel Macron donne l'impression d'être encore un "bébé" en politique, un homme politique toujours en construction. Mais le fait ne pas être "fini" en politique n'a rien de grave à 38 ans, d'autant plus que son entrée en politique est tardive. On peut se demander si Emmanuel Macron a pleinement conscience des implications de la démarche présidentielle qu'il est en train d'entamer.

Il sera interrogé sur absolument tous les sujets. S'il a réfléchi au cours de l'été et doit sortir un livre dans les semaines qui viennent, il me semble qu'il n'a pas réponse à tout. Or, on va précisément lui demander d'avoir réponse à tout. Par ailleurs, au regard de la situation particulièrement compliquée de la France, il est d'autant plus difficile de savoir quelles sont les bonnes solutions et d'être capable de les apporter.

Les Fréres

Emmanuel Macron, ministre de l'Économie, de l'Industrie et du Numérique, a rempli le Temple Groussier de 280 places, au siège du Grand Orient de France, le 21 juin 2016 dans le cadre d'une Tenue Blanche Fermée (réunion réservée aux frères et sœurs du GODF et des obédiences amies), Rue Cadet, à Paris.

Dans son discours, Emmanuel Macron a esquissé un projet républicain de transformation de la Société afin de réparer les dégâts de la mondialisation. Des frères ont senti que le jeune ministre portait l'idée d'un État politique doté de règles, en opposition à un "Far-West" déréglementé.

Le Grand Maître Daniel Keller lui a répondu que «la mondialisation est perçue comme une nouvelle Loi de la jungle». Et que «pour éviter cela, il faut que les États réaffirment leur prééminence, leur souveraineté et assurent une construction politique de l'Union Européenne». Les quatre loges ayant invité Macron sont : Le Chantier des Egaux, Raphaël Bliard, La Lumière et Aletheia.

Au lendemain du premier tour de la présidentielle qui a qualifié Emmanuel Macron et Marine Le Pen, le Grand Maître du Grand Orient de France (GODF) Christophe Habas confie à *La Lumière* sa première réaction à cette situation politique sans précédent.

"Nous sommes inquiets de la progression de Marine Le Pen. Sans hésiter, nous appelons à faire barrage au FN en votant pour le seul candidat républicain : Emmanuel Macron. Il s'agit de défendre les fondements de la République, les valeurs démocratiques et laïques, pas la laïcité dévoyée par le FN."

Le front républicain ne résout pas tous les problèmes, notamment la question sociale qui constitue un enjeu majeur. Le risque, c'est que les Français qui se sentent exclus par le chômage et par la disparition des services publics ne soient pas pris en compte. Attention au néolibéralisme non régulé ! Nous espérons sans équivoque qu'Emmanuel Macron soit le prochain président de la République et nous aurons ainsi cinq années de répit pour œuvrer en faveur d'une société où la question sociale figure au centre. Sinon, Marine Le Pen l'emportera en 2022.

Sarko

Depuis son élection à la présidence de la République, Nicolas Sarkozy a manifesté un intérêt soutenu pour les services de renseignement et de sécurité. Il a, en effet, initié une large réforme destinée à perfectionner le dispositif existant: création de la Délégation parlementaire au renseignement, de la Direction centrale du renseignement intérieur (DCRI), du Conseil national du renseignement, de l'Académie du renseignement, reconnaissance du caractère stratégique des activités de renseignement dans le Livre blanc sur la défense et la sécurité nationale... En outre, les budgets alloués connaissent, globalement, une légère croissance.

Depuis plusieurs années, les spécialistes du renseignement appelaient de leurs vœux une réforme et une valorisation de cette activité essentielle de l'État. Si celle qui a été conduite est à bien des égards louable, elle n'en présente pas moins des travers conséquents. Se satisfaire d'une réforme en raison de sa seule existence nesaurait correspondre à une attitude responsable, de même qu'une critique systématique dénuée de portée réflexives'apparente à un exercice vain.

En 2012, la gauche aura été dix ans durant éloignée du pouvoir ; mais, dans cet intervalle, elle n'aura cessé de se préparer à l'exercice des responsabilités en menant une large réflexion qui ne pouvait omettre le champ du renseignement. Le temps n'est plus comme en 1978, où le Parti socialiste semblait totalement ignorant de ces sujets et laissait libre cours à ses peurs et phantasmes. Faut-il rappeler, par exemple, que le programme commun se contentait de préconiser : «les polices parallèles seront dissoutes. Le S.D.E.C.E. [ancêtre de la DGSE] sera supprimé », avant d'envisager des mesures presque aussi drastiques à l'encontre de la Direction de la surveillance du territoire (DST) et de la Direction centrale des renseignements généraux ?

Certes, les services de renseignement ne jouissent pas de la capacité de « sauver le monde », de renverser les rapports de force ; à l'inverse, l'image qu'ils renvoient parfois d'officines spécialisées dans les «coups tordus» ne correspond pas à la réalité, en dépit de la forte tentation que peut exercer ce genre de pratiques. Leur potentiel réside dans l'intérêt que leur porte l'autorité politique, la place qu'elle leur réserve dans son processus d'informationet sa prise de décision.

Car s'il convient d'exclure la thématique du renseignement du champ des vaines polémiques, le fait est qu'il existe cependant une différence de principe entre la démarche des socialistes et celle de la droite dans l'approche de ces sujets. Elle tient, pour l'essentiel, au rôle que doit jouer le Président de la République au sein de nos institutions.

Ainsi, fidèle à sa lecture de la Ve République, Nicolas Sarkozy a, dans ce domaine également, marginalisé le Premier ministre à un niveau d'intensité jusqu'alors inconnu. Il a converti une activité dérogatoire aux règles du droit commun en activité dérogatoire aux principes démocratiques. La multiplication des scandales, impliquant en particulier la DCRI, souligne l'anormalité de cette pratique du pouvoir et son caractère éminemment néfaste pour les services de renseignement eux-mêmes.

Car, en personnalisant l'usage de ces derniers, le Président de la République a jeté le soupçon sur le plus anodin de leurs agissements et sur sa propre légitimité à intervenirdans ce domaine, alors même que le chef de l'État incarne, sous la Ve République, l'autorité suprême en matière derenseignement.

La DRM, de son côté, a connu certaines modifications fonctionnelles consécutivement à la parution de l'arrêté du 16 février 2010. Le service, créé en 1992 par Pierre Joxe après la guerre du Golfe, a fait preuve de son efficacité et de son incontestable utilité dans le cadre des opérations militaires menées par la France. Toutefois, il enregistre une légère diminution de ses effectifs, qu'il convient d'enrayer. On ne saurait réaliser des investissements techniques majeurs sans les accompagnerde moyens humains adaptés en termes d'analyse.

Ainsi, pour interpréter des images satellites dont le nombre ira croissant grâce aux nouveaux équipements, la DRM doit disposer de personnels qualifiés et en nombre suffisant. Or, en matière de recrutement, ce service souffre de l'extrême rigidité des règles d'affectation (des «quotas» imposés par armes et par grades, etc.).

Les Services

Du côté de l'équipe Macron, les lobbyist s'activeraient via François Heisbourg, conseiller spécial du président de la Fondation pour la Recherche Stratégique, ou Jean-Claude Cousseran, qui a été à la DGSE et eut, comme Bernard Bajolet, un poste diplomatique. Des réseaux tentent de jouer la carte temps pour empêcher l'unification des 22 structures de renseignement, et rendre impossible le contrôle de leurs activités.

Pour assurer son héritage sécuritaire, François Hollande a fait prolonger le mandat de Bernard Bajolet à la tête de la DGSE (via un amendement dans la loi Lebranchu du 21 avril 2016), quoique celui-ci ait dépassé la limite d'âge. Son mandat prend fin le 21 mai 2017 (le jour de son anniversaire).

Comme le second tour a lieu le 7 mai, le problème des services de sécurité sera l'un des premiers dans l'agenda présidentiel des nominations sachant que François Hollande a fait en sorte que l'état d'urgence ne prenne fin qu'en juillet 2017. Donc, très fine lobbyiste, la DGSE peut mettre en avant, sous prétexte de continuité opérationnelle, qu'il faut continuer les principes selon lesquels a été conduite ces cinq dernières années la gestion des services dans leur ensemble.

SDAT

Sous-Direction Anti-Terroriste de la Direction Centrale de la Police Judiciaire

Elle est compétente sur l'ensemble du territoire national. Elle n'a pour seule vocation que de faire du judiciaire, sur saisine du parquet anti-terroriste de Paris.

Son activité est dévolue à traiter deux pans distincts:

- les menaces dites "autonomistes", telles que les "corses", "basques" ou encore, dans une moindre mesure, les "bretons". Même si les deux premières ont eu des heures intenses, l'activité est depuis quelques temps, réduite, du fait des changements politiques

-les infractions terroristes d'origine interne liées à : des mouvements idéologiques violents, tels que l'extrême droite, l'extrême gauche, ou encore l'éco-terrorisme
    – des groupes terroristes internationaux implantés ou susceptibles d'agir

sur le territoire national.

La SDAT coordonne des enquêtes qui peuvent se projeter sur l'ensemble du territoire national et à l'étranger, et bénéficie du soutien des Directions Interrégionales de Police Judiciaire (DIPJ) qui lui confèrent un maillage géographique complet.

SAT/PP

Section Anti Terroriste de la Préfecture de Police de Paris

Compétente sur Paris et sa petite couronne (92, 93 et 94), la SAT est une entité à part entière de la célèbre Brigade Criminelle de Paris. Celle-ci faisant partie de la Direction de la Police Judiciaire de Paris, qui dépend du Préfet de Police (rattaché au Ministère de l'Intérieur). Déjà, à ce stade, l'on est bien en présence d'une exception dans l'organisation de la Police Nationale.

La crim' était, jusqu'à très récemment, plus connue pour les arrestations de criminels célèbres, mais elle voit s'accroître, depuis plusieurs mois, l'importance de son travail "anti-terroriste", ce qui l'oblige à se réformer. Même si elle était déjà bien active lors des attentats des années 90, elle s'occupait plus, depuis quelques années, des menaces pesant sur le pouvoir exécutif.

Jusqu'à il y a quelques mois, elle était composée de 9 groupes dits de "droit commun", enquêtant sur les homicides complexes, et trois groupes SAT engagés dans la lutte anti-terroriste. Il y a aujourd'hui autant de groupes d'un coté que de l'autre. Il va sans dire que, fonction de l'actualité, ces groupes sont inter-changeables.

Ainsi, le 13 Novembre dernier, la Brigade Criminelle dans son ensemble a travaillée sur les attentats, comme bon nombre d'autres services de Police Judiciaire, en renforts, tels que la Brigade des Stupéfiants, ou encore certains services de la Sous-Direction des Affaires Economiques et Financières. Et bien d'autres encore, à des niveaux et charges différents. C'est précisément là la force de la PJ parisienne; pouvoir monopoliser, très rapidement, plusieurs centaines de policiers habitués aux enquêtes lourdes, et les déployer sur la capitale, affectés à diverses tâches coordonnées sur une seule direction.

DGSI

Direction Générale de la Sécurité Intérieure.

Il s'agit d'une entité très récente, puisque datant de 2014. Auparavant, il s'agissait d'une Direction Centrale, elle même issue de la fusion de la DST (Direction de la Sureté du Territoire) et des RG (Renseignements Généraux).

Désormais, elle ne fait même plus partie, directement, de la Police Nationale, puisque directement rattachée au Ministère de l'Intérieur. La DGSI bénéficie de toute l'analyse et des bases de données provenant de sa propre activité de collecte d'information et de ses relations avec ses partenaires étrangers.

Elle initie de nombreuses enquêtes qui après un minutieux travail de renseignement, aboutissent à l'ouverture d'une procédure alors traitée par son pôle judiciaire. Comme la SDAT, elle bénéficie d'un maillage de ses directions zonales qui couvrent l'ensemble du territoire.

Jusqu'à très récemment, la DGSI avait (depuis la fusion avec les RG) le monopole du renseignement. Mais depuis, une nouvelle direction a vue le jour: le Renseignement Territorial, également présent sur tout le territoire. Difficile, pour le moment, d'avoir du recul sur son articulation en parallèle de la DGSI.

Les missions

La gestion attentat ou "multi-attentat"

L'histoire récente nous le montre,les attentats se déroulent quasi systématiquement à Paris. Raison pour laquelle c'est la Brigade Criminelle qui intervient pour y faire les "constatations" et gérer la scène de crime. Même si rien n'empêcherait, techniquement, à la SDAT ou la DGSI de les faire. Mais il est vrai que la crim" a une vraie connaissance de la scène de crime, puisque sur les scènes "classiques" d'homicide, cela demeure la base de son travail.

Il faut le dire, la crim' est une vraie machine de guerre, de laquelle rien ne peut passer au travers. Par exemple, à la suite des attentats de Charlie, quelques 2500 scellés ont été confectionnés; tout est passé au peigne fin. Pour autant, devant la multiplication des scènes de crime, en novembre dernier, en plus de la "crim paris", est venue, en renfort, celle de la PJ Versailles.

En cas d'attentat multiple, la SDAT est également présente sur les scènes, pour coordonner ce qui se fait sur place avec le travail de leurs enquêteurs. Elle va s'atteler à remonter les pistes des auteurs, de retracer leurs parcours, pendant que la crim, elle, gère également les suites de ses constatations, par la gestion de tout ce qui peut être découvert sur les scènes de crime. La DGSI travaille aussi, pendant ce temps, mais en recoupant les infos qu'elle avait peut-être déjà, et faire d'éventuels liens .

Les périodes hors attentat "commis"

Comme le rappellent régulièrement les autorités, plusieurs attentats sont déjoués chaque année; probablement susceptibles d'avoir un impact différents les uns des autres. De fait, chaque service travaille de son coté, ce qui nécessite tout de même une grande coordination; elle se fait au niveau du Ministère, mais aussi par le biais des fichiers mis en place qui permettent, à chaque fois qu'un nom apparaît, de savoir s'il est déjà surveillé ou tout simplement connu par un autre service.

De son coté, la Crim, à Paris, gère tous les signalements de personnes parties sur un terrain d'affrontement, ou susceptibles de partir. La SDAT tente d'enrayer les filières qui permettent, justement, les départs à l'étranger et les retours en France, jusqu'à faire avorter les projets d'attentats. Enfin, la DGSI s'occupe alors des dossiers provenant de ses services de renseignements.

Lorsque l'infraction se caractérise, l'enquête judiciaire reprend la main sur le renseignement. Le dossier est alors "monté" pour être transmis à la justice. Quoi qu'il en soit, tous ces services, sont coordonnés, on l'a dit, à la fois au niveau "police", par des réunions fréquentes ou via le ministre de tutelle, mais aussi, au niveau du pôle anti-terroriste à Paris, avec tous les magistrats qui le composent.

Guerre des polices

Il va de soit qu'avant tout, chaque service (et tous les enquêteurs qui le composent) essaye de remplir la mission qui lui est dévolue. Les enquêteurs sont tous à leurs dossiers, et nul doute qu'il y a suffisamment de travail pour tout le monde. Pour autant, comme à chaque fois qu'une matière est "partagée" entre services, il peut arriver qu'ils entrent en concurrence, voir en confrontation. Cela part du principe que chaque service veut avoir des résultats. Et qui dit résultats, dit moyens accordés au service, récompenses pour ses fonctionnaires, mutations, avancements...

Dans le cas d'une confrontation dans le cas d'un objectif commun, plusieurs sortes d'arbitrages: soit il est "logique", et les services s'entendent; notamment lorsque l'un d'eux est plus "avancé" qu'un autre dans son enquête. Si le désaccord persiste, il sera alors tranché au Ministère de l'intérieur, ou/et par les magistrats en charge des enquêtes, puisque tout le monde, quoi qu'il en soit, devra rendre compte des investigations au "guichet unique": le pôle anti-terroriste de Paris, dit C1, ainsi que les juges anti-terroristes de la galerie Saint-Eloi..

Le vote FN

Près de 52% des policiers ont voté pour Marine Le Pen en 2017. Dans tous les milieux sociaux, il y a une très grosse demande d'autorité et de retour du pouvoir régalien. La police est au premier rang, puisqu'elle est chargée de faire respecter l'ordre public. Ils sont donc directement concernés par cette demande d'autorité.

Le FN est devenu le porte-parole de la demande d'autorité. Celui aussi du déficit de service public dans un certain nombre de zones rurales ou de banlieues qui deviennent des zones de non droit. Mais surtout le porte-parole des pauvres. Le FN est donc devenu porteur à la fois de la demande d'autorité et de la demande de service publique. On passe du poujadisme de Jean-Marie Le Pen à une offre beaucoup plus favorable aux services publics de Marine Le Pen.

Les policiers comme les enseignants ont le même type de problèmes. Ils sont directement en contact avec les usagers et ils représentent la République et l'autorité républicaine aux yeux d'une partie de la population qui rejette justement la République et ne s'y reconnaît pas, pour des raisons communautaires ou plus généralement sociales. Les policiers et les enseignants sont sur le front et payent les pots cassés. Ils sont devenus, en quelque sorte, les boucs émissaires de l'inadaptation du modèle français

51,5% d'entre eux ont déposé un bulletin Front national dans l'urne en 2015, contre 30% en 2012. Les bureaux de vote auxquels sont rattachés les casernes de gendarmes mobiles, les camps militaires et les villes de garnisons témoignent de l'augmentation du vote FN depuis 2012. Les forces de sécurité font office de loupe grossissante en amplifiant puissamment les tendances à l'œuvre dans l'ensemble du corps social.

En dépit des mises en garde proférées contre les fonctionnaires qui seraient instrumentalisés par le pouvoir, Marine Le Pen affiche une grande sollicitude en direction des forces de sécurité dans cette campagne.

Macron de Rothschild

Dans les équipes de campagnes, les experts s'activent discrètement. Ainsi, chez Emmanuel Macron, François Heisbourg, président de l'International Institute for Strategic Studies, ou l'ambassadeur Jean-Claude Cousseran, ancien directeur de la DGSE (20002002) sont écoutés.

Jusqu'à présent, les directeurs de la DGSE ont toujours été choisis à l'extérieur, parmi les militaires, les préfets ou les diplomates, comme si le gouvernement se méfiait de la « Centrale ». Pour beaucoup, une promotion interne confirmerait la confiance que l'hôte de l'Elysée témoigne au personnel de ce service de l'Etat, certes un peu particulier, mais qui a acquis une nouvelle légitimité au sein des institutions publiques.

À droite, certains experts s'interrogent sur une réforme en profondeur du renseignement. Deux grands sujetssont sur la table : le rôle du Coordonnateur national du renseignement (CNR) à l'Élysée et la création d'une NSA à la française, en cassant la DGSE en deux entités.

Créé en 2008 par Nicolas Sarkozy, le CNR n'a jamais complètement trouvé sa place dans le dispositif du renseignement. En neuf ans, cinq hommes ont occupé ce poste, dont quatre sous François Hollande. Le CNR est entouré d'une toute petite équipe de six personnes installée rue de l'Elysée et qui n'a pas de rôle opérationnel direct.

Certains souhaitent donner plus d'importance au CNR, peut-être en y nommant un général spécialiste du renseignement. Il s'agirait alors de piloter les différents services de la communauté du renseignement depuis l'Elysée, sur le modèle du Director of National Intelligence (DNI) américain.

Naturellement, les grands patrons des services, comme la DGSE ou la DGSI – ou ceux qui aspirent à le devenir – voient cette perspective d'un très mauvais oeil. L'expérience américaine aurait plutôt tendance à leur donner raison : Washington a rajouté un niveau bureaucratique à un univers qui n'en manquait pas.

L'exemple britannique invite aussi à la prudence, comme on l'a vu à l'époque de la guerre d'Irak (2003) : lorsque le renseignement est dirigé d'en haut, par le niveau politique, la tentation est forte de faire dire aux services uniquement ce que le pouvoir a envie d'entendre. La pluralité des sources est, à cet égard, une garantie pour la qualité du travail des services et pour la liberté de choix des décideurs.

D'importants progrès ont été réalisés ces dernières années, mais l'alternance politique et de nouvelles réformes pourraient être l'occasion de relancer des rivalités.

Néanmoins, une meilleure coopération entre les différents services est une nécessité, qui n'échappe à aucun spécialiste. Certes, d'importants progrès ont été réalisés ces dernières années, mais l'alternance politique et de nouvelles réformes pourraient être l'occasion de relancer des rivalités. Parmi ces réformes, l'idée de couper la DGSE en deux revient sur la table. Les policiers de la DGSI se plaignent parfois de ne pas avoir suffisamment accès aux interceptions qui relèvent de la Direction technique (DT) de la DGSE.

D'où le projet de créer une «agence» chargée uniquement des interceptions, comme la NSA américaine ou le CGHQ britannique, et qui alimenterait les autres services. La DGSE est évidemment vent debout contre cette perspective, qui la priverait de la moitié de ses ef-fectifs, en sortant la DT de son «écosystème». La DGSE entend rester un «service intégré», gage, selon elle, de son efficacité à moindres frais. Autre menace vue du Boulevard Mortier : l'idée de lui retirer son bras armé pour les opérations clandestines, le Service Action.

Comme le SAS britannique ou le JSOC américain, le Commandement des opérations spéciales (qui relève des armées) pourrait récupérer ces missions. Au risque d'une confusion entre opérations militaires et clandestines. Seules ces dernières ne sont pas publiquement assumées par le gouvernement.

Comme tous les autres services, la DGSE est dotée d'une Direction technique (« DT » dans le jargon) chargée de la collecte du renseignement d'origine électromagnétique et cyber. Son supercalculateur et ses équipes d'ingénieurs offre une capacité d'interception sans équivalent, très jalousée dans le milieu du renseignement.

La DGSI n'aurait pas eu besoin du logiciel Palantir si la DGSE avait été plus coopérative. Le dernier épisode illustrant la difficile coopération entre les services intérieurs et extérieurs est la récente acquisition du logiciel par la Direction générale de la Sécurité intérieure (la DGSI a remplacé la DCRI en 2012). Cet outil de traitement des données très performant a été développé par une start-up financée par la CIA.

Pour autant, la décision de faire rentrer dans les systèmes de la DGSI un logiciel américain créé du remous. Même s'il fonctionne pour le moment en circuit fermé (aucune clef USB n'est branchée), le logiciel peut potentiellement corrompre la perméabilité d'un système qui ne traite pas uniquement de lutte antiterroriste. En plus d'être onéreux –« il propose sans cesse de nouvelles options », confie un connaisseur-, ce logiciel se révèlerait difficile à exploiter. Une délégation du renseignement canadien s'est même rendue début avril au siège de la Sécurité intérieure à Levallois pour aider les nouveaux utilisateurs.

L"espion chinois

Emmanuel Macron, en recevant la famille de Liu Shaoyao, un ressortissant chinois de 56 ans, tué à Paris par la police, aurait aussi convié, sans le savoir un espion chinois. Le candidat a en fait reçu, aux côté de la famille, les représentants d'une vingtaine d'association, dont un certain Jaques Sun. Selon la note de la DGSI, révélée par le Parisien, cet homme serait un agent du renseignement chinois.

Jacques Sun est en fait l'actuel Président du Conseil Représentatif des Associations Asiatiques de France (CRAAF) et est bien connu des politiques. Il a d'ailleurs participé à plusieurs réunions avec les équipes de François Fillon sur les partenariats avec l'Asie. "*C'est n'importe quoi*" réplique Jacques Sun au Parisien. "*Dans la situation actuelle, toutes les rumeurs circulent mais je suis un chef d'entreprise qui préside une association loi 1901. Moi qui ai grandi en France j'en suis l'un des membres fondateurs.*"

Le Dimanche 2 avril 2017, Le Parisien évoque un entretien d'Emmanuel Macron avec la famille de Shaoyao Liu, un Chinois tué par un policier de la BAC à son domicile parisien, le 26 mars. Parmi les invités du candidat d'En Marche !, un homme est soupçonné par la DGSI d'être un agent de Pékin.

Alors que l'entourage d'Emmanuel Macron est resté discret sur ce rendez-vous, les journalistes chinois, qui faisaient partie de la délégation, ont vendu la mèche et publié quelques clichés de la rencontre. Parmi les membres associatifs, la DGSI a reconnu un certain Jacques Sun. Dans la note révélée par Le Parisien, le service de renseignement français affirme qu'il s'agit d'un espion chinois. Il serait susceptible de rendre *"compte immédiatement du contenu des entretiens"* à ses relais auprès des autorités chinoises, selon la même source.

Sur le site du Conseil représentatif des associations asiatiques de France (CRAAF), il est présenté comme un *"chef d'entreprise [...] fortement impliqué dans la vie associative"* et *"déterminé à aller plus loin que le soutien aux manifestations culturelles et traditionnelles"*, en intervenant *"délibérément dans le champ social, médiatique et institutionnel"*, indique encore Le Parisien.

Emmanuel Macron, qui semble être *"au courant des soupçons"* qui pèsent sur Jacques Sun, assumerait cette entrevue, selon l'entourage du candidat, interrogé par les services de la DGSI. *"On n'a pas à se prononcer sur les* controverses qui entourent ce personnage. Dans son statut aujourd'hui, il représente une communauté, il porte une voix et représente quelque chose. C'est à ce titre qu'on l'a vu. On ne peut pas renoncer à écouter cette communauté sous prétexte que celui qui la représente est l'objet de soupçons. D'autant qu'il y avait aussi un conseiller du XIIIe arrondissement de Paris

Mais, au-delà des faits et de leurs circonstances, c'est une lutte d'influence qui se joue en sous-main. La note de la DGSI rappelle en substance que Pékin dispose de bons relais dans la communauté chinoise du XIIIe arrondissement parisien où rien de ce qui s'y passe ne lui échappe. En revanche, les Chinois installés dans le XIXe arrondissement de la capitale ou encore à Aubervilliers sont davantage menacés par l'emprise de réseaux mafieux. Et ça, Pékin le redoute.

Foreign Policy

Trente-deux pages et pas une ligne de politique internationale. Le document-programme publié par Emmanuel Macron sur son site, en marge de sa conférence de presse, ne permet pas de se faire une idée précise de ce qui pourrait constituer les axes de sa politique étrangère et de défense en cas d'élection à l'Elysée. Le candidat d'En Marche s'exprimera «plus en détail dans les semaines qui viennent» sur ces sujets régaliens, a-t-il assuré devant un parterre de journalistes venus en nombre au Pavillon Gabriel.

«Emmanuel Macron assume le projet européen. C'est quelque chose, selon moi, de politiquement inattendu», assure à Actualité juive François Heisbourg. Le président de l'International Center for Strategic Studies, qui a conseillé l'intéressé sur les questions de défense, appuie la «remise à niveau des forces conventionnelles françaises» et la «pérennisation de la dissuasion nucléaire».

Interrogé par le quotidien libanais *L'Orient Le Jour*, le 26 janvier 2017, sur la manière dont la France sous sa présidence pourrait contribuer à la sortie de crise en Irak, il indiquait vouloir *«renouer avec une politique française gaullo-mitterrandienne»*, citant le refus de Jacques Chirac de participer à la seconde guerre d'Irak en 2003. *«Je ne suis pas dans une logique d'immixtion, je suis dans une logique de service, de responsabilité et de stabilité »*.

Dans un long texte disponible sur le site Enmarche.fr, exempt pour l'heure de propositions, M. Macron décrit *«un monde de menaces et d'opportunités»*, marqué par *«l'instabilité et de nouvelles menaces»*: le *«terrorisme, les guerres civiles, l'afflux de réfugiés et les frontières qui se ferment»*. Il pointe également le climat de néo-guerre froide, source de tensions.

«La présidence de Donald Trump inquiète nos concitoyens et bouleverse les équilibres mondiaux, au profit de la Chine». *« La Russie de Vladimir Poutine mène une politique étrangère dangereuse qui n'hésite pas à s'affranchir du droit international»*, écrit le candidat qui promet dans le dossier «constance» et «exigence» notamment en matière de droits de l'homme. *«Macron porte un regard froid sur la Russie autoritaire, révisionniste et anti-occidental de Vladimir Poutine»*, estime François Heisbourg.

Au Moyen-Orient, *«en proie à la guerre»*, il réaffirme, en deux phrases, une position classique de la diplomatie française dans le conflit israélo-palestinien. *«La sécurité d'Israël est pour nous un principe intangible, de même que la légitimité de l'Etat palestinien. Nous devrons rechercher les conditions d'une paix juste et durable, qui permette aux deux Etats de coexister en sécurité»*.

Estimant que «*les conditions de l'entrée de la Turquie dans l'Union ne sont clairement pas réunies*», M. Macron souhaite que la France « *retrouv[e] sa place au Moyen-Orient, en particulier pour accompagner la résolution de la crise syrienne.*». M. Macron expliquait, à L'Orient Le jour, refuser de « poser comme condition préalable la destitution de [Bachar El] Assad ».

«*L'ouverture vers l'Iran devra se poursuivre*, continue M. Macron *si l'accord nucléaire de 2015 est respecté et si l'Iran concourt à la stabilité régionale* ». « *Entre ce que l'on peut vouloir et ce que l'on «peut pouvoir», il y a une certaine marge*», nuance François Heisbourg, pointant le pouvoir de nuisance iranien. Emmanuel Macron estimait déjà que la France devait «parler à l'Arabie Saoudite et à l'Iran» sans «s'ingérer dans le jeu d'influence de ces deux puissances». Un rapprochement trop franc avec Téhéran serait en effet «*une manière d'insécuriser l'Arabie Saoudite [et] Israël*».

Le terrorisme

"*Le terreau sur lequel les terroristes ont réussi à nourrir la violence, à détourner quelques individus, c'est celui de la défiance (...) Nous sommes une société dont au cœur du pacte, il y a l'égalité. Nous sommes une société où en moyenne l'égalité prévaut beaucoup plus que dans d'autres économies et d'autres sociétés, en particulier anglo-saxonnes (...) nous avons progressivement abîmé cet élitisme ouvert républicain qui permettait à chacune et chacun de progresser. Nous avons arrêté la mobilité (...) quelqu'un sous prétexte qu'il a une barbe ou un nom à consonance qu'on pourrait croire musulmane, a quatre fois moins de chances d'avoir un entretien d'embauche qu'un autre (...) Nous avons une part de responsabilité, parce que ce totalitarisme se nourrit de la défiance que nous avons laissée s'installer dans la société. Il se nourrit de cette lèpre insidieuse qui divise les esprits, et si demain nous n'y prenons pas garde, il les divisera plus encore*".

L'Islam

"*Aujourd'hui, la vraie lutte se joue entre le capitalisme et les religions. (...) Le capitalisme corrompu appauvrit tellement les individus qu'il est chahuté par des spiritualités qui donnent accès à un absolu. Le capitalisme, lorsqu'il se perd dans la cupidité, détruit le sens, la cohésion (...) dans cette lutte, les décideurs politiques et la République doivent organiser une communauté humaine, sociale et politique dans laquelle on peut exercer sa spiritualité dans l'autonomie. (...) Les religions, notamment l'islam, offrent un accès à l'absolu : elles proposent du sens, des perspectives symboliques et une intensité imaginaire (...) Il ne faut pas être ébranlé par ce qu'il se passe avec l'islam car nous l'avons vécu avec le catholicisme (...) Ce que certains écrivent sur le voile aujourd'hui rappelle les écrits sur les curés en soutane lors des débats sur la loi de séparation des Églises et de l'État en 1905".*

Les inégalités

"Face à elles [les inégalités de patrimoine], nous sommes en échec, c'est la cruauté des constats de long terme que Thomas Piketty a établi, il faut bien le constater (...) [La lutte contre les inégalités de patrimoine] est un sujet fondamentalement fiscal, un sujet de correction, un sujet de coordination européenne et mondiale à avoir (...) Mais les inégalités de destin sont le produit d'un système français beaucoup plus généreux que d'autres économies et qui, reposant sur un modèle de redistribution, de protection sociale forte a construit ses propres rigidités.

(...) Un système à deux vitesses s'est progressivement mis en place en quelque sorte sécrété par les meilleures intentions du monde, car, en voulant surprotéger, nous avons créé des insiders de la protection et donc de nombreux "outsiders", exclus du marché de l'emploi ou du logement. (...) "l'approche collective qui prévaut depuis l'après-guerre en France a été un frein [appelant] des systèmes beaucoup plus contemporains individualisant ces protections".

L'Europe

"Je suis responsable d'un mouvement politique né le 6 avril qui a mis l'Europe au cœur de ses valeurs fondatrices (...) les partis existants s'épuisent à bâtir des compromis sur les sujets européens [Regrettant] une décennie perdue depuis le non français et néerlandais de 2005 [il faut que s'engage] un vrai débat politique pour préparer un projet de refondation. (...) On a trahi le projet initial, il faut maintenant reconstruire un projet démocratique et transparent. (...) On ne fera plus avancer l'Europe à l'abri des peuples ou à l'insu des peuples (...) Négocier immédiatement un nouveau traité, ce n'est pas réaliste et je ne suis pas favorable à l'option du référendum. Les référendums, lorsqu'ils sont organisés dans le fracas, ne répondent jamais à la question posée (...) Je plaide pour l'organisation d'une convention démocratique dans les vingt-sept pays membres, afin de faire naître un projet qui se construise avec l'opinion. Une fois que le projet est prêt, oui, pourquoi pas le soumettre à l'onction populaire ?"

La mondialisation

"Tout le défi est de savoir comment on amène à faire gagner la France dans

la mondialisation. On réussit à porter quelque chose de différent, des valeurs différentes, une culture différente, un rapport géopolitique différent, mais si on reste arc-bouté sur notre ADN, le monde peut très bien continuer sans nous."

Chapitre 2

Salafisme

Le mot salaf désigne les *«pieux prédécesseurs»*, soit les premières générations de compagnons du prophète Mohammed. Le «minhaj», ou voie salafiste, vise d'abord à imiter le prophète de l'islam, jusqu'à reproduire son mode de vie sur le plan vestimentaire ou alimentaire.

Né en Arabie saoudite sous la forme du wahhabisme, le salafisme s'est diffusé partout dans le monde et présente désormais bien d'autres visages, y compris celui du djihadisme. Tous se caractérisent par l'extrême simplicité du message : *« quelques règles de vie, aucune réflexion, une sorte de kit de survie en milieu sécularisé »*, résume l'historien Rachid Benzine.

Quelles que soient ses formes, le salafisme se distingue également par un discours de rupture, plus ou moins exclusiviste, et parfois violent. Rachid Benzine distingue cinq niveaux d'adhésion : *« Il y a d'abord le "nous", ensuite le "eux", puis ce "eux" qui devient méprisable avant d'être un danger symbolique et, enfin, physique »*, justifiant alors le passage à l'acte violent.

Le salafisme a des origines saoudiennes, c'est ce qu'on appelle le courant wahhabite, qui a construit toute sa légitimité sur cette idéologie. Mais aujourd'hui, les autorités saoudiennes commencent à comprendre que cette mouvance, qui est un lobby très puissant sur son territoire, représente une menace sur son territoire aussi bien politique qu'économique.

Grâce à ses pétro-dollars et ses universités accueillant des étudiants du monde entier, le wahhabisme a indubitablement changé la donne au sein du monde musulman. Alors qu'il était considéré à ses débuts comme une hérésie par les différentes instances du monde sunnite, il cherche à s'imposer aujourd'hui comme l'orthodoxie et est un candidat sérieux à ce titre aux yeux de nombreux musulmans, même lorsqu'ils n'y adhèrent pas. Le salafisme est loin d'avoir gagné la bataille. Mais c'est vrai qu'il est de plus en plus efficace sur le terrain, et sa force est d'être porté par des jeunes...

Et, en parallèle, une propagande salafiste soutenue par cet Etat menace l'intégrité de l'Occident et de la France en particulier. Il est difficile de faire un lien direct entre salafisme et terrorisme car, les salafistes ne se revendiquent pas terroristes mais en contrepartie, on entend souvent un discours de désaveux de la société, un isolement, un repli identitaire qui peut favoriser cette haine. Et d'ailleurs, ils appellent à la haine de l'Occident et à la mécréance de ce qui n'est pas l'islam. Les salafistes ont donc, un discours extrêmement rigoriste qui peut encourager les jeunes à plonger dans le terrorisme. Pour eux, il faut s'asseoir sur la démocratie, la laïcité c'est de la mécréance et ils ne veulent pas de valeurs républicaines

Ses promoteurs veulent débarrasser l'islam de ce qu'ils considèrent comme des innovations. Il s'agit de le purifier, de le nettoyer de ce qui leur apparaît comme des déviations par rapport à la norme islamique. Ce mouvement de retour à la pureté originelle s'accompagne d'une méfiance à l'égard de la pluralité des interprétations des écoles juridiques, qui auraient divisé les musulmans. Cette vision a pour but de mettre de côté les 14 siècles de jurisprudence patiemment construite par ces écoles juridiques et amène à adopter une certaine intransigeance à l'égard du soufisme, du chiisme mais aussi des formes d'islam populaire.

En matière économique, les salafistes cultivent un intérêt certain pour l'entreprenariat dans la mesure où il leur permet de s'émanciper du salariat. Le travail individuel est valorisé car il y a là l'assurance de pouvoir pratiquer ses rites aux heures dites sans subir la contrainte d'un quelconque employeur.

Le salafisme n'est pas un mouvement homogène. Il s'est déployé de façon complètement éclatée et se compose d'une pluralité de sous-groupes, de sensibilité parfois concurrente entre eux. On peut distinguer trois groupes majeurs : le salafisme piétiste, politique et révolutionnaire.

Le salafisme piétiste

Le salafisme piétiste est un salafisme qui se désintéresse totalement du terrain politique. Il est avant tout soucieux de la pratique religieuse. Il s'agit, pour ses adeptes, qu'ils soient installés dans un pays à majorité musulmane ou non, de se préserver des souillures de la société.On peut distinguer deux sources principales du salafisme piétiste. Il y a d'un côté un héritage de type saoudien, proche de l'establishment de Riyad, et de l'autre un héritage yéménite qui s'est construit plus récemment à partir de 2002-2003. Il est plus isolationniste, exclusiviste.

Pour les salafistes de tradition yéménite, il n'est même pas envisageable de travailler avec l'associatif musulman. Leur horizon mythique, c'est de quitter les pays non-musulmans pour rejoindre des régions où ils pourraient pratiquer leur islam de façon décomplexée et être dessortes de zélotes modernes. C'est le hijra, la « migration ».

Les piétistes sont fondamentalement opposés à l'action violente et se démarquent avec force de groupes comme Sharia4Belgium. Cette attitude explique une certaine tolérance des acteurs politiques envers les piétistes. Ils sont perçus comme des légalistes et respectés en tant que tels. Les piétistes acceptent en effet la force de l'Etat et s'y soumettent. Ils sont même prêts à collaborer avec les services de police, voire avec la Sûreté, si les circonstances l'imposent.

Les acteurs politiques apprécient également leur rôle de facteur de maintien de l'ordre. On peut souvent voir les salafistes piétistes aborder les jeunes qui traînent dans les rues pour les inciter à mener une vie plus pieuse impliquant d'étudier, de travailler, d'arrêter la boisson, la cigarette et les drogues. Leur rôle dans la lutte contre la drogue, notamment dans les banlieues françaises gangrenées par ce mal, est aujourd'hui avéré.

Cette relative entente entre l'Etat et les piétistes comporte cependant un bémol; la loi pénalisant le port du voile intégral est difficile à vivre pour certaines femmes qui envisagent dès lors sérieusement de réaliser leur hijra. Il y a là un conflit de loyauté entre la religion et l'Etat qui semble difficile à trancher.

Le salafisme politique

La deuxième branche du salafisme est ultra-minoritaire. Ses adeptes sont enfaveur d'une logique participationniste. Ils se constituent en parti politique même s'ils peuvent être en désaccord avec les principes mêmes de la démocratie. On peut citer à cet égard le parti «Citoyenneté et prospérité», le parti «Jeune musulman» ou la liste «Islam» qui a décroché quelques sièges aux dernières élections communales à Bruxelles.

Leur programme regroupe le plus souvent des revendications d'ordre communautaire comme le halal dans les cantines des écoles, le port du voile, etc. Les liens avec le reste de la classe politique ne sont pas particulièrement problématiques non plus. Même si on peut condamner moralement de telles radicalités, elles ne peuvent pas pour autant être criminalisées pénalement tant qu'ellesn'appellent pas à la haine raciale.

Le salafisme révolutionnaire

Le salafisme révolutionnaire est d'un ordre totalement différent. Il met l'accent sur le djihad dans sa dimension de lutte armée. Les salafistes révolutionnaires vont réfuter toute idée de collaboration au sein des sociétés occidentales mais aussi musulmanes. Ils sont hostiles à une action religieuse limitée à la prédication.

Inspiré par l'expérience du Frère musulman égyptien Sayyed Qotbou du Jord anien Abou Mohamed Al Maqdissi, il statue que tout musulman a l'obligation, oùqu'il soit, de porter le fer contre ceux, musulmans ou non, qui oppriment les «musulmans pieux».

Pour eux, le hijra n'est pas envisageable parce qu'ils n'ont pas trouvé de région à majorité musulmane qui corresponde à leur exigence d'absolu.Ce courant du salafisme est potentiellement dangereux car il peut mener ses membres à une radicalisation violente, à une remise en question de la légitimité même de l'Etat et à un prosélytisme agressif.

En ce qui concerne le salafisme révolutionnaire, les acteurs politiques ont fait preuve d'une hyper-activité aux niveaux européen et national, qui a mené nos Etats à mettre en place des politiques de plus en plus répressives visant à encadrer le risque de terrorisme islamique.

En France

Alors que les pouvoirs publics français ont entrepris, au lendemain des attentats du 11 septembre 2001, de lancer une politique de lutte contre l'expansion du salafisme, force est de constater que ce mouvement se propage et connaît un succès certain parmi les jeunes issus des quartiers populaires.

L'implantation du début des années 1990 s'est opérée par le biais d'anciens militants de l'aile salafiste du Front islamique du salut (FIS) réfugiés en France pour fuir la répression du régime algérien. Ces militants se réclamaient en premier lieu de l'héritage politique et religieux de l'association des Oulémas (jamâ'at al-ûlama), fondée en 1936 par un théologien de l'Est algérien,Abdelhamid Ben Badis, considéré comme l'un des pères de la décolonisation.

Fondés sur l'idée

d'un retour aux premiers siècles de l'islam, les positionnements de Ben Badis et de ses épigones ont constitué la première formalisation doctrinale et organisationnelle du salafisme en Algérie . À la fois influencés par les idées de Jamal al-Dîn al-Afghani et Muhammed Abduh et pétris des réalités politiques et sociales de l'Algérie de la première moitié du XXe siècle, les discours de Ben Badis étaient axés essentiellement sur la nécessité d'une renaissance culturelle par l'islam, doublée d'une mission éducative religieuse, dans le but de résister à la colonisation culturelle de l'Algérie.

Considéré par les autorités coloniales françaises de l'époque comme le défenseur du wahhabisme en Algérie, le mouvement comptait parmi ses membres des théologiens comme Tayeb al-Oqbi, qui entretint des liens avec Rachid Rida, connu pour avoir été à l'origine de la synthèse entre les idées politiques des Frères musulmans et l'orthodoxie religieuse des théologiens d'Arabie Saoudite.

Tayeb al-Oqbi fut, en outre, le maître d'Abou Bakr Jaber al-Jazaïri, actuellement enseignant à la grande mosquée de Médine et auteur d'un ouvrage réputé au sein de la communauté musulmane française, La voie du musulman.

Le troisième héritage dont se réclamait le salafisme algérien fut la guerre en Afghanistan de 1989, soutenue par l'ensemble de la mouvance islamiste à travers le monde musulman, notamment les théologiens d'Arabie Saoudite. Durant leurs séjours en Afghanistan, les moudjahiddins algériens qui combattaient aux côtés de l'armée afghane contre les Soviétiques furent très fortement influencés par les lectures révolutionnaires islamiques d'Abdallah Azzam et de Sayyid Qotb. Hostiles à une action religieuse limitée à la prédication (da'wa), ils placèrent le jihâd au cœur de la croyance religieuse . Il s'agissait pour eux de s'opposer au pouvoir, de lutter pour l'instauration de l'État islamique, et à terme du califat, et de défendre les musulmans, lorsque ceux-ci sont menacés par des régimes considérés comme impies.

Ce salafisme «première génération» était donc une synthèse de plusieurs doctrines mêlant au rigorisme religieux les visées politiques des anciens étudiants salafistes, les perspectives révolutionnaires des moudjahiddins et l'idée de renaissance culturelle et religieuse de l'association des Oulémas. Il est incarné notamment par la figure d'Abdel-Hâdî Doudi, imam de la mosquée al-Sunna al-Kebira, dite «du Boulevard national», à Marseille.

Diplômé de l'université d'al-Azhar au début des années 1980, beau-frère de Moustapha Bouyali (fondateur du premier maquis islamiste algérien en 1983) et ancien maître d'Ali Benhadj, Abdel-Hâdî Doudi a appartenu à la tendance salafiste algérienne qui intégra le FIS au début des années 1990. Condamné à mort par le régime algérien, puis à la prison à perpétuité pour son soutien aux attentats menés par son beau-frère, il arriva en France en 1987, avec l'assentiment des services algériens. C'est lui qui implanta le mouvement dans la région marseillaise et dans la banlieue parisienne, notamment à Nanterre.

À la même époque à Paris, Abdelbaki Sahraoui, imam de la mosquée Tariq Ibn Ziyad de la rue Myrrha dans le 18e rrondissement et vice-président du FIS, invectivait le régime algérien, dans ses sermons de la prière du vendredi, pour sa politique répressive à l'égard des opposants islamistes. Il fut tué en 1995 par des membres des Groupes islamiques armées (GIA).Visée politique, perspective révolutionnaire et rigorisme religieux ont donc constitué les caractéristiques du salafisme des années 1990 en France.

Cependant, à la faveur de l'émergence d'une « deuxième génération », celle des musulmans nés en Europe, et des mutations internationales de l'islam politique, le mouvement a évolué pour devenir progressivement un acteur de la réislamisation.

À partir du milieu des années 1990, le salafisme, jusque-là très fortement imprégné des réalités politiques algériennes, est devenu de plus en plus l'expression d'un conservatisme politique et social, dégagé de l'obsession de la conquête de l'État. Ce basculement vers une tendance apolitique et piétiste s'explique par un double phénomène : la marginalisation du salafisme politique sous influence algérienne et l'émergence d'un nouveau pôle en provenance de la péninsule Arabique .

En France, aux Pays-Bas, en Belgique et en Grande-Bretagne, le salafisme saoudien s'est implanté grâce à la prédication des premiers diplômés européens revenus d'Arabie Saoudite où ils étaient allés suivre une formation en sciences religieuses. Abdelkader Bouziane, qui fut à l'origine du mouvement dans la région lyonnaise, fut l'un de ces premiers diplômés. Avant d'être imam dans de nombreuses mosquées de la région Rhône-Alpes dans les années 1990, il partit deux ans à Médine pour étudier l'islam auprès de théologiens salafistes .

Ainsi, sous l'impulsion de certains étudiants français, des savants religieux saoudiens, égyptiens ou jordaniens d'obédience salafiste se rendirent sur le Vieux Continent. Le Cheikh Abdel Salam al-Bourjis, disciple de l'ancien mufti d'Arabie Saoudite, ou le Cheikh Muhammed Bazmoul, de nationalité égyptienne et professeur à l'université de La Mecque, donnèrent de nombreuses conférences en France (mais aussi en Belgique, au Royaume-Uni, aux États-Unis).

Avec eux, le salafisme de type quiétiste se développa et connut un succès important en France jusqu'en 2001. Des mosquées furent créées ou conquises et il fut même question de créer un pôle salafiste européen en France. Dans l'Hexagone même, il y avait près de 20 centres culturels salafistes (entre autres à Marseille, Paris, Lyon, Roubaix, Valence, Romans-sur-Isère, Aix-en-Provence, Stains) et de nombreuses manifestations étaient organisées.

À partir de 1998, un grand congrès salafiste eut lieu chaque année dans la banlieue parisienne à l'initiative d'un quadragénaire de nationalité hollandaise, Yacoub Leenen, qui vit aujourd'hui en Arabie Saoudite où il dirige une maison d'édition en charge de traduire des ouvrages de l'arabe au français. Celui de 2001 rassembla près de 1 000 personnes en provenance de toute la France mais également d'Allemagne. Le salafisme de la deuxième génération amorçait donc une phase d'institutionnalisation et de structuration organisationnelle quand les autorités policières françaises, accusant le mouvement d'être à l'origine des actions terroristes perpétrées en Occident (surtout après les attentats du 11 septembre) décidèrent d'en freiner le développement.

Les cheikhs salafistes furent alors interdits de séjour en France ; un congrès salafiste qui devait se dérouler en juillet 2002 en banlieue parisienne fut annulé et les théologiens saoudiens qui étaient venus du Moyen-Orient pour en animer les conférences furent tous arrêtés à l'aéroport Charles de Gaulle et reconduits à la frontière par les autorités douanières. En outre, de nombreux imams furent expulsés ou placés en résidence surveillée. Parmi eux, l'imam Abdelkader Bouziane fut renvoyé en Algérie, pour avoir proféré des imprécations misogynes, et l'imam d'origine irakienne de la mosquée d'Argenteuil, Ali Yashar, fut démis de ses fonctions. Il vit désormais en Lozère, en résidence surveillée.

Les profiles

Alors que les pouvoirs publics français ont entrepris, au lendemain des attentats du 11 septembre 2001, de lancer une politique de lutte contre l'expansion du salafisme, force est de constater que ce mouvement se propage et connaît un succès certain parmi les jeunes issus des quartiers populaires. En effet, le salafisme s'est imposé progressivement comme l'orthodoxie à partir de laquelle le Musulman européen doit aujourd'hui juger sa pratique religieuse.

De nombreuses études empiriques ont mis en évidence sa progression et son influence auprès des musulmans non seulement de France mais aussi d'Europe. Au début des années 1990, le mouvement nouvellement implanté en France, ne comptait que quelques dizaines de fidèles. Alors qu'en 2004, il rassemblait environ 5 000 sympathisants, il dispose aujourd'hui d'une capacité de mobilisation s'élevant à 20 000 personnes selon les estimations des Renseignements généraux.

Largement médiatisé au moment des attentats du World Trade Center, le salafisme a pris dans l'espace public français une connotation guerrière et révolutionnaire, synonyme de violence et de terrorisme, même s'il désigne exclusivement, dans l'esprit de nombreux théologiens provenant surtout d'Arabie Saoudite, une religiosité apolitique et piétiste.

D'un point de vue sociologique, les leaders ont entre trente-cinq et cinquante ans, sont des Maghrébins ou des Machrékins, venus en France pour fuir la répression politique de leur pays d'origine ou pour des raisons économiques ; ils sont pour la plupart d'origine algérienne, issus de l'aile salafiste du parti islamiste, le Front islamique du salut. La totalité des leaders ont un niveau d'études élevé.

Les salafis ont dans leur grande majorité effectué un cursus dans des universités islamiques du monde arabe (université islamique de l'Émir Abdelkader à Constantine, al-Azhar en Égypte, Qarawine à Fès, Zeytouna à Tunis), à l'instar de Cheikh Bachir, imam salafi de la région parisienne et diplômé de la Zeytouna.

Depuis quelques années, à côté de cette première génération de leaders salafis, on trouve une deuxième génération : des hommes entre vingt et trente-cinq ans, nés et scolarisés en Occident, ayant réalisé des études supérieures en sciences islamiques dans les universités de la péninsule arabique (université de Médine, la Mecque, Dar al-Hadith …).

Dans l'ensemble, les fidèles sont des adultes jeunes ou d'âge moyen. On compte plus d'hommes que de femmes. Généralement, ils ont poursuivi des études secondaires. On peut repérer deux groupes sociaux. Le premier groupe, qui constitue la majorité des salafis, est composé de personnes issues des classes populaires. Le second est composé de personnes issues des classes moyennes voire supérieures. Une minorité d'entre eux ont poursuivi des études supérieures, parfois allant même jusqu'au doctorat. Les autres appartiennent à la petite bourgeoisie commerçante (artisans, commerçants…).

De plus en plus de jeunes appartenant au salafisme possèdent des sandwicheries hallal, des taxiphones, des librairies islamiques, des magasins de vêtements. Certains font de l'import-export entre la France et le Moyen-Orient, d'autres deviennent artisans-taxis ou encore vendent des produits sur les marchés. Cette fibre pour les activités commerciales s'explique par le fait que, pour les épigones du salafisme, le Prophète, modèle par excellence, étant lui-même commerçant, il est bien vu de se lancer dans le négoce.

Samir Amghar, sociologue (*Audition devant la Commision de l'Assemblée Nationale, 2009*)

« *Les salafis français s'opposent à toute forme d'engagement politique au nom de l'islam – d'une manière générale, il convient pour eux de délaisser la politique. J'en donnerai plusieurs exemples. En 2004-2005, menant des enquêtes de terrain, j'ai participé à diverses manifestations organisées par des associations musulmanes appelant à s'opposer à toute loi interdisant le port de signes religieux ostentatoires à l'école. J'ai été surpris du faible nombre de personnes se réclamant du salafisme dans ces manifestations.*

Lors de celles qui ont été ensuite organisées contre les caricatures du Prophète, il n'y avait aucun salafi. Enfin, en janvier 2009, quand des associations musulmanes ont appelé à manifester contre l'invasion des territoires palestiniens occupés par Tsahal, les sites salafis sur Internet ont appelé, eux, à ne pas se joindre à ce mouvement. Plus surprenant encore, les salafis évitent d'intervenir même lorsqu'une question les concerne directement.

Assistant l'été dernier à une conférence donnée en banlieue parisienne par un imam salafi sur la bonne pratique de l'islam, j'ai, comme il est de coutume chez les salafis dans ce genre de réunions, demandé par écrit à cet imam quelle était sa position en tant qu'autorité religieuse sur le port du voile intégral. Après avoir répondu à toutes les autres questions, il a lu la mienne et l'a écartée, indiquant qu'il était des questions qu'il ne fallait pas poser, pour éviter de diviser la communauté musulmane. Les salafis vivent dans une sorte de bulle, dressent un cordon sanitaire entre eux et le reste de la société.

Troisième caractéristique : ce mouvement se veut aussi non-violent. Ainsi, ses autorités religieuses, aussi bien en France qu'en Arabie saoudite, en Jordanie ou au Yémen, ont condamné de manière unanime les attentats du 11 septembre 2001, ainsi que les attentats de Madrid en 2004 et de Londres en 2005.

Enfin, pourquoi les femmes appartenant au mouvement salafiste décident-elles de porter le voile intégral ? Trois explications principales me paraissent pouvoir être avancées. C'est une protestation symbolique ; un signe de distinction sociale ; l'expression d'un hyper-individualisme.

Le salafisme séduit un grand nombre de jeunes filles issues de l'immigration musulmane, mais aussi de Françaises de souche. Lorsque celles-ci décident de se salafiser, une minorité seulement opte pour le niqab, la grande majorité choisissant le djilbeb, voile informe mais qui ne masque pas le visage. Lorsqu'on discute avec les premières, elles expliquent que porter le voile intégral est, pour elles, une manière d'exprimer une protestation, de manifester leur désaccord avec les valeurs dominantes de la société dans laquelle elles vivent, de mettre symboliquement cette société à distance. Le voile intégral marque une rébellion symbolique contre l'ordre hiérarchique incarné par leurs parents, critiqués pour pratiquer un mauvais islam, et contre l'ordre social.

Mais le voile intégral est également le signe d'une distinction sociale. Celles qui le portent et le revendiquent en tirent une grande fierté et le ressentent comme un symbole de respectabilité. En se salafisant et en portant le niqab, d'adolescentes elles deviennent des adultes respectées, notamment dans les quartiers populaires.

Le voile intégral est enfin le signe d'un hyper-individualisme religieux. Selon des observateurs, le port du niqab, loin d'être volontaire ou consenti, résulterait d'une contrainte émanant du groupe auquel appartiennent ces jeunes filles ou d'un membre de leur famille. De fait, il y a bien contrainte, mais elle ne résulte pas d'une pression sociale externe exercée par un imam ou leur famille sur ces jeunes femmes. Il s'agit bien plutôt d'une contrainte volontairement intériorisée, parce que ressentie comme légitime. C'est en lisant, en écoutant sur Internet des imams prêcher l'islam et la nécessité de porter le voile intégral que progressivement les jeunes femmes qui s'islamisent en viennent à désirer ou à s'imposer de porter le niqab pour se comporter de manière plus conforme à leur foi. Elles y voient le signe d'une plus grande « islamité », d'une appartenance à une élite, à une avant-garde religieuse appelée à guider la communauté musulmane égarée.

Du point de vue du sociologue que je suis, le salafisme est, en effet, une secte – est en tout cas travaillé par des dynamiques sectaires. Lorsque les sociologues parlent de secte, il n'y a là aucune connotation péjorative. Pour eux, c'est un courant religieux comme un autre. Mais, par opposition à l'église, la secte se définit premièrement par son refus de compromis avec le reste d'une société qu'elle considère comme corrompue ; deuxièmement par la nature charismatique de l'autorité religieuse qui la guide : les groupes salafistes s'organisent ainsi autour de leaders charismatiques ayant souvent étudié en Arabie saoudite, en Jordanie ou au Yémen. La troisième caractéristique d'une secte pour le sociologue est que ses membres l'ont rejointe volontairement. Si on naît musulman, on choisit de devenir salafi.

Le salafisme en France entretient un rapport négatif avec son environnement. Lorsque j'ai commencé à travailler sur ce mouvement il y a quelque six ans, j'ai été surpris de son sectarisme, de son refus de se mêler au reste de la société, de ses critiques de la société française et des valeurs républicaines. Mais force est de constater qu'en dépit de ce sectarisme, les salafis sont contraints de passer des compromis avec leur environnement, quelque insuffisamment islamique qu'ils le considèrent. Alors que, dans les années 1990, il n'était pas question de mariage à la mairie et, pour les salafis étrangers, de naturalisation, cela se pratique de plus en plus. Preuve que les salafis se « désectarisent » et s'ouvrent progressivement à notre société.

Le salafisme n'est pas pour moi le courant islamique qui fait de l'entrisme en France, précisément dans la mesure où c'est un mouvement sectaire qui se désintéresse de la politique. La seule urgence pour ses tenants est de garantir leur place au paradis et d'appeler les musulmans à la réislamisation. Je n'ai jamais constaté que les imams salafis ou les salafis eux-mêmes pratiquent l'entrisme ou développent des relations clientélistes avec les maires des communes où se trouvent leurs mosquées. Ils ne se situent pas du tout dans la logique entriste qui peut être celle des Frères musulmans ou de l'UOIF (Union des organisations islamiques de France). La sphère politique ne les intéresse pas du tout.

Les salafis qui ont vingt ans aujourd'hui rejettent aussi la politique, institutionnelle ou associative, musulmane. Pour eux, on ne changera les choses que par le retour à un islam authentique.

S'agissant du lien entre islam et politique, n'étant pas islamologue, il m'est difficile de répondre. En France, deux conceptions s'affrontent. Il y a d'un côté celle défendue par les Frères musulmans selon lesquels l'islam n'est pas seulement une religion, mais un système global, à la fois religieux, politique, philosophique, éthique..., et pour qui être un bon musulman, c'est non seulement fréquenter la mosquée, faire ses cinq prières par jour, mais aussi s'engager au nom de ses valeurs religieuses. Et les mouvements « fréristes » se situent, en effet, dans une logique entriste ou de lobbying.

D'un autre côté, il y a les salafis pour qui, en revanche, l'urgence n'est pas de politiser l'islam mais bien plutôt, dans une posture missionnaire et piétiste, d'appeler les musulmans à la pratique de l'islam véritable. Cela étant, il est vrai que les imams professent qu'il faudra ensuite passer à une autre étape, celle de l'organisation, mais cela fait vingt ans qu'ils tiennent le même discours sans avoir rien fait en ce sens – de sorte que ce courant est le seul à n'être pas organisé et hiérarchisé à l'échelle nationale. N'existent que des associations locales, constituées autour d'un imam prédicateur charismatique – et celui de Lille, par exemple, n'a pas de relations avec celui de la région marseillaise. Ces groupes fonctionnent de manière autonome les uns par rapport aux autres et n'ont pas de projet politique. Le seul projet des jeunes salafis est, à mon sens, de quitter la France pour s'installer dans un pays musulman, parce qu'ils estiment que la France manque de respect à l'égard de ses musulmans et que l'on ne peut y vivre pleinement sa religion.

Dans l'agglomération lyonnaise, il y a une mosquée salafiste aux Minguettes, à Vénissieux – la mosquée Al Fourqan – et une autre à Lyon même, dans le 8e arrondissement. Elles sont très actives, faisant preuve d'un grand prosélytisme. Le mouvement salafi est sans doute, en effet, le plus hégémonique et celui qui connaît le plus fort développement, notamment au détriment du mouvement Tabligh. Dans les quartiers populaires, lorsqu'on décide de se convertir à l'islam ou de se réislamiser, on le fait bien souvent au contact du salafisme car c'est la seule offre religieuse qui y reste et qui apparaît comme la plus légitime et la plus authentique.

Quant à Argenteuil, c'est un bastion historique du salafisme, la première ville où il s'est développé et où des femmes ont commencé à porter le voile intégral, et celle où se trouve la plus grande mosquée salafie de France, pouvant accueillir plusieurs centaines de fidèles, la mosquée As Salaam. Mais l'imam, le franco-marocain Abou Omar, considère que le voile intégral n'a pas sa place en France, mais seulement dans les pays musulmans qui l'acceptent. Il se situe donc dans une logique de compromis, invitant les jeunes filles à découvrir leur visage. C'est l'exemple du bricolage auquel sont conduits des imams salafis, malgré le sectarisme propre au mouvement. Cela étant, il est vrai qu'il existe un certain nombre de lieux de culte non répertoriés, mais les chiffres que je vous ai donnés permettent d'avoir un ordre de grandeur : les salafistes sont une minorité dans la minorité musulmane, mais une minorité très active.

Il y a déjà eu des confrontations, mais les salafistes étant persuadés de détenir la vérité, ils les évitent car ils savent que, de toute façon, Frères musulmans et tablighis sont voués à l'enfer ! J'ai assisté à des pugilats, à des bagarres, mais je les crois exceptionnels. Les conflits de territoires restent discrets, l'objectif de chacun étant néanmoins de convertir le plus grand nombre de personnes.

Les salafistes n'ont pas de programme politique précis et ne cherchent pas non plus à négocier avec l'État. Essentiellement en Arabie saoudite. À partir des années 60, ce pays a voulu apparaître comme une superpuissance religieuse et a créé de nombreuses universités islamiques qui, à la différence de celles d'Algérie, du Maroc ou d'Égypte, allouent des bourses à leurs étudiants. Des représentants de ces établissements démarchent les mosquées françaises pour recruter de futurs étudiants en théologie. Elles dispensent par ailleurs un enseignement de grande qualité. Être diplômé d'une université islamique saoudienne quand on veut devenir imam, c'est comme être diplômé de l'Institut d'études politiques de Paris quand on veut faire de la science politique en France !

Les Musulmans Français

Sur les 15 millions de Musulmans recensés en Europe de l'Ouest, plus de 5 millions sont installés en France qui est l'Etat occidental comptant la plus forte proportion de Musulmans au sein de sa population.

Depuis le début des années 2000, le phénomène islamiste ne cesse de croître, essentiellement concentré dans les banlieues des grandes agglomérations. Les extrémistes sont devenus des acteurs majeurs des zones sensibles et les signes de progression de l'islam radical s'observent chaque jour. Le ministère de l'Intérieur évalue à 50 000 le nombre de nouveaux convertis dans notre pays en quelques années.

Dans les mosquées fondamentalistes, l'islam est inculqué aux populations par des prédicateurs radicaux, souvent étrangers, qui tiennent un discours de rupture vis-à-vis des institutions républicaines et prêchent un racisme antifrançais. Les islamistes se consacrent à la remise en cause des lois et coutumes de la société française pour y substituer leurs pratiques traditionnelles, en totale opposition avec nos institutions démocratiques et laïques. Malgré la faible proportion d'islamistes parmi la communauté musulmane française, leur activisme virulent est d'autant plus préoccupant qu'il n'y a pas de frontière étanche entre l'islam fondamentaliste et le terrorisme.

Or, la lutte contre le terrorisme islamiste, consécutive aux attentats du 11 septembre 2001 et à la campagne d'Afghanistan, a révélé l'existence de filières de recrutement djihadistes sur notre territoire, à Paris comme en province. Ainsi, nos banlieues sont des viviers de recrutement, depuis lesquelles plusieurs centaines de jeunes Français musulmans se sont déjà rendus en Bosnie, en Tchétchénie, en Afghanistan ou en Irak, combattre aux côtés des moudjahidines et y recevoir une formation terroriste.

Les motivations de ces départs relèvent à la fois du contexte sociologique spécifique de la troisième génération d'immigrés, du manque de repères de la partie la plus déshéritée de la jeunesse française - pour laquelle le passage par les camps du djihad semble donner un sens à l'existence - et de la situation au Moyen-Orient, où le conflit israélo-palestinien et l'occupation de l'Irak renforcent la victimisation des islamistes radicaux.

Mais les effets de l'islamisme ne concernent pas seulement la sécurité intérieure ; ils touchent aussi la sphère économique et les activités de certaines entreprises. La pression islamiste s'exerce dans les entreprises, principalement selon deux modalités : le prosélytisme militant et contestataire et le développement de trafics susceptibles d'alimenter la cause du djihad. Cette poussée fondamentaliste dans les entreprises impacte sur certaines activités économiques, notamment en générant de nouveaux risques sectaires et criminels, propres aux zones de consommation urbaines et périurbaines dans lesquelles elles sont implantées. Cela n'exclut nullement l'hypothèse d'attentats contre les acteurs économiques.

L'islam en France

L'islam est devenu, depuis deux décennies, la seconde religion pratiquée en France, derrière le catholicisme et devant le protestantisme et le judaïsme.

Les Musulmans de France sont essentiellement issus des trois pays de l'ex-Afrique du Nord française (Maroc, Algérie, Tunisie) et dans une moindre mesure des pays de l'Afrique subsaharienne, des Comores, de Turquie et du Moyen-Orient. Les pratiques culturelles de l'islam français se différencient de celles de l'islam de Grande-Bretagne, originaire du Moyen-Orient, et de celui d'Allemagne, d'influence turque. Ces nuances n'existent cependant pas pour les formes les plus intégristes de la religion du Prophète.

La nécessité de disposer d'une main d'œuvre à bas coût pour soutenir la croissance au cours des « trente glorieuses » a conduit les autorités françaises à faire appel à ces populations avec lesquelles des liens historiques existaient depuis la colonisation du Maghreb à la fin du XIXe siècle. Puis, le regroupement familial, autorisé au cours de la seconde moitié des années 1970, et la montée en puissance de l'immigration clandestine, à partir des années 1980, ont produit ce résultat de plus de 5 millions de Français - mais aussi d'étrangers - musulmans.

Travailleurs immigrés, légaux ou clandestins, se sont ainsi établis momentanément puis durablement en France pour des raisons économiques. Ils se sont installés dans les banlieues des grands centres urbains où ils ont logiquement et légitimement reproduit leurs lieux de cultes et une partie de leurs modes de vie traditionnels. Pendant près d'un demi-siècle, aucun problème de coexistence n'est apparu. Toutefois, l'accroissement régulier de la proportion des Musulmans en France et la montée en puissance de l'islam radical dans le monde ont peu à peu changé la donne.

Les chiffres

Selon un rapport de la Direction centrale des Renseignements généraux (DCRG), remis début juin 2004 au ministre de l'Intérieur de l'époque, Dominique de Villepin, des centaines de quartiers sensibles présentent des signes inquiétants de repli communautaire aggravé, notamment sous l'influence de la montée en puissance de l'islam radical.

Huit critères ont été retenus par les RG pour définir les quartiers sensibles :

- *un nombre important de familles d'origine immigrée, pratiquant parfois la polygamie ;*
- *un fort tissu associatif communautaire ;*
- *la présence de commerces ethniques ;*
- *la multiplication des lieux de culte musulmans ;*

- *le port d'habits orientaux et religieux ;*
- *les graffitis antisémites et anti-occidentaux ;*
- *l'existence, au sein des écoles, de classes regroupant des nouveaux arrivants ne parlant pas français ;*
- *la difficulté à maintenir la présence de Français d'origine.*

Sur les 630 quartiers sensibles que surveillent les RG, la moitié serait ghettoïsés ou en voie de l'être. Cela concerne approximativement 1,8 million d'habitants des zones urbaines et périurbaines. Toutes les régions sont concernées par ce phénomène. A titre d'exemple, l'agglomération de Blois (Loir et Cher, 54 000 habitants), a priori modeste préfecture de la vallée de la Loire, compte une ZUP de 18 000 âmes, dans laquelle les forces de l'ordre ont de grandes difficultés à intervenir.

L'intégrisme

La caractéristique majeure de ces quartiers est : la violence, le non-respect de l'ordre républicain, le cumul de handicaps sociaux et culturels et la montée en puissance de l'islam radical. Les populations qui y vivent conservent les pratiques culturelles et les modes de vie traditionnels de leurs pays d'origine. Cela se traduit dans les faits par une forte endogamie, une pratique non négligeable de la polygamie, la connexion à des programmes de radio et de télévision étrangers, par l'émergence de modes de régulation sociale des conflits parallèles aux institutions et par une vie associative repliée, organisée en fonction de l'origine des immigrés.

Dans ces quartiers, on observe une perte de clientèle "européenne" dans les hypermarchés particulièrement fréquentés par des consommateurs musulmans portant le voile ou d'autres signes extérieurs religieux. Il y a souvent fermeture des commerces de proximité, soit parce qu'ils ne correspondent plus au marché local soit sous la pression ou la menace islamiste. A Evry, la volonté des gérants d'un Franprix de ne plus vendre ni porc ni alcool avait provoqué, en 2002, la colère du maire qui dénonçait la ghettoïsation du quartier. La construction de nouvelles mosquées de grande taille - comme celle de Massy, en Essonne - regroupant plusieurs anciens édifices vétustes, risque fort d'accroître cette tendance. Les immigrés qui sont en voie d'intégration cherchent à quitter au plus vite ces quartiers sensibles.

Cette préoccupante dérive communautariste est aggravée par la récente montée en puissance d'un islam radical qui prospère dans ce contexte favorable. Les religieux extrémistes sont devenus des acteurs majeurs des zones sensibles et leur prosélytisme intégriste porte peu à peu ses fruits. Les signes de progression de l'islam radical se mesurent principalement au port d'habits religieux et à la différence croissante entre les modes de vie des hommes et des femmes dans ces quartiers. Les services du ministère de l'Intérieur évaluent de 30 000 à 50 000, le nombre de nouveaux convertis dans notre pays en quelques années, notamment parmi les jeunes.

Les Français convertis sont souvent les plus virulents, qu'il s'agisse des hommes épousant des femmes musulmanes et leur imposant un port strict du voile - pour montrer leur bonne application des "principes" de l'islam - ou des épouses françaises d'islamistes originaires d'Afrique du Nord. Selon un autre rapport des Renseignements généraux du 5 août 2003, les convertis à l'islam dans le département de l'Essonne représentent "un phénomène préoccupant et en pleine expansion".

Ces conversions sont notamment dues à la forte implantation, dans ce département, du mouvement Tabligh, une organisation piétiste indo-pakistanaise. Or, dès 1995, les RG considéraient que le Tabligh constituait l'organisation d'où émergeait, depuis une dizaine d'années déjà, la plupart des responsables de l'islam radical en France.

Les imams intégristes sont pour la plupart de nationalité étrangère, souvent en situation irrégulière et ne parlent pas - ou à peine - le français. Pourtant, ce sont eux qui détiennent aujourd'hui la véritable influence et non pas les institutions musulmanes de France ou la mosquée de Paris, lesquelles n'ont qu'un « contrôle » partiel sur leurs coreligionnaires.

Les antennes paraboliques

Un facteur-clé de la progression de l'islam radical est la télévision. La diffusion de certains programmes télévisuels, ainsi que la distribution de cassettes vidéos et la multiplication de sites internet, jouent un rôle clé dans l'islamisation. En effet, une proportion croissante de Musulmans, travaillés par les intégristes, écoute, depuis nos banlieues, les prêches fondamentalistes émis depuis le Yémen, le Soudan, le Pakistan et l'Arabie saoudite. Et de plus en plus fréquemment, les islamistes radicaux cherchent à évincer les imams officiels des mosquées. On constate, depuis dix ans, l'essor des chaînes de télévision par satellite extra-européennes captées au moyen d'antennes paraboliques, implantées sur les toits et les balcons de nos banlieues, dont Al-Jazira, Al Arabiya ou Al-Manar sont les plus connues.

Plus de 10 millions de personnes y ont accès en France, plus de 100 millions en Europe. Certaines populations immigrées ont ainsi trouvé un moyen de rester en contact avec leurs communautés d'origine, en particulier de conserver des attaches linguistiques et culturelles.

Ce phénomène crée de véritables espaces politiques et religieux virtuels, dont les ressortissants, quoique présents sur notre sol, sont davantage en communion et en communication avec des valeurs et des interlocuteurs basés à l'étranger. Ainsi, dans nos banlieues, l'islam fondamentaliste se nourrit à la fois des frustrations locales et de l'actualité internationale (intifada palestinienne, exemple de Ben Laden, intervention américaine en Irak, etc.). Des responsables de lycées parisiens à forte proportion d'immigrés révèlent "nous vivons au rythme des événements du Moyen-Orient".

Or, certains programmes TV tiennent des discours opposés aux idées démocratiques ou de tolérance qui fondent notre système. C'est le cas de la chaîne du Hezbollah, diffusée un temps en France. Elle faisait à la fois du prosélytisme religieux - diffusant à longueur de journées des sourates du Coran - et tenait des propos ouvertement antisémites. Beaucoup de Musulmans radicaux, par rejet de la télévision occidentale, voient leurs sources d'informations réduites à ces seuls outils de propagande. Lorsqu'on sait que les Français regardent la télévision en moyenne trois heures par jour, cela permet de saisir l'énorme pouvoir d'influence que peuvent avoir ces chaînes de télévision. C'est également le cas des sites internet islamistes hébergés hors de France, sur lesquels aucun contrôle n'est possible.

Une frange de notre jeunesse se laisse ainsi séduire par les sirènes d'une idéologie dont les buts sont ouvertement opposés aux valeurs de notre société démocratique.Dans les mosquées fondamentalistes, l'islam est inculqué aux populations par des prédicateurs radicaux qui tiennent un discours de rupture vis-à-vis des institutions républicaines et prêchent un racisme antifrançais exacerbé et un antisémitisme obsessionnel.

Les manifestations de ce militantisme actif se font sentir à de nombreux niveaux de la vie quotidienne. L'école est devenue le lieu d'une radicalisation des pratiques religieuses (ramadan, interdits alimentaires) et d'une remise en question de l'enseignement de certaines matières (histoire, sciences naturelles, mixité dans le sport). Dans les cités, les jeunes filles subissent des pressions constantes pour porter le voile et l'on constate une dégradation du statut des femmes vivant à l'européenne, qui sont régulièrement victimes d'injures et de violence.

Le milieu hospitalier est de plus en plus fréquemment le théâtre de revendications et de comportements nouveaux : couloirs transformés en lieux de prière, internes voilées, psychiatre étranger consultant, dans le sud de la France, avec le Coran sur la table, etc.

Certains soignants s'absentent régulièrement pour aller prier, réclament de porter le voile, s'interdisent de travailler avec un collègue de l'autre sexe dans l'intimité d'une chambre, etc. Sous la pression de maris intégristes, les femmes demandent à être auscultées par des personnels féminins et refusent la consultation avec les hommes, y compris aux urgences ; certaines vont même jusqu'à accoucher en burqa. Un chef de clinique a été agressé au couteau par un homme d'origine africaine déchaîné à l'idée qu'un médecin touche sa femme.

Le phénomène s'observe jusque dans le milieu carcéral. Sous couvert de religion, certains détenus musulmans refusent toute autorité de la part du personnel féminin de l'administration pénitentiaire. Près d'une centaine de détenus, notamment les condamnés pour terrorisme, disséminés dans plusieurs prisons différentes, alimentent la contestation. Selon les RG, la promiscuité entre jeunes détenus de droit commun et islamistes convaincus se livrant au prosélytisme constitue une bombe à retardement car elle renforce la collusion entre le monde du crime et les islamistes.

La laïcité

Selon Tariq Ramadan, dont les avis sont très écoutés dans la communauté musulmane, un croyant doit respecter les lois de son pays d'accueil tant que ce cadre ne s'oppose pas à un principe islamique. Dans une de ses cassettes, il insiste : "Tout ce qui dans la culture dans laquelle nous vivons ne s'oppose pas à l'islam, on peut le prendre". Ce qui exclut le reste. Il est également très clair sur le fait que "les Musulmans doivent militer pour faire évoluer la laïcité de façon à ce qu'elle coïncide avec leur vision fondamentaliste et politique de l'islam".

Or, en France, depuis 1905, les lois de la République sont supérieures aux pratiques culturelles et religieuses. La laïcité ne signifie pas le déni de la religion. La loi républicaine permet à la religion de demeurer dans la sphère privée, rendant ainsi possible la cohabitation pacifique et harmonieuse des différents cultes et offrant la possibilité de croire ou de ne pas croire. Elle assure la paix religieuse et la liberté de culte dans les limites de la loi.

L'affaire du voile à l'école en a été l'illustration. Elle a culminé en décembre 2003, au moment de la remise du rapport de la Commission de réflexion sur l'application du principe de laïcité dans la République, présidée par Bernard Stasi. Face à cette progression significative de l'islam radical et au discours anti-républicain qu'il véhicule, le ministère de l'Intérieur a accru sa surveillance des milieux fondamentalistes et les autorités ont été amenées à réagir devant des actes et des comportements qui sont en contravention totale avec nos lois.

Début décembre 2003, à Fontenay-aux-Roses et à Antony (Hauts-de-Seine), deux associations musulmanes s'occupant d'enfants en bas âge ont été fermées en raison de leur proximité avec les milieux islamistes. Des cours d'arabe et de Coran étaient dispensés à des enfants de 4 à 6 ans par des prédicateurs notoirement salafistes. En janvier 2004, il en a été de même à Argenteuil (Val d'Oise). Mais surtout, plusieurs imams ont été pris en flagrant délit de diatribe anti-occidentale en régions parisienne et lyonnaise.

En réaction, depuis le début de l'année 2004, sept prédicateurs radicaux ont été l'objet d'arrêtés d'expulsion:

- deux imams turcs appartenant au mouvement extrémiste Kaplan, ont été expulsés le 6 janvier pour « propos antisémites et anti-occidentaux »

- *Abdelkader Yahia Cherif, Algérien de 35 ans prêchant à Brest, a été expulsé le 14 avril 2004 en raison de son « prosélytisme en faveur d'un islam radical » et de ses « relations actives avec la mouvance islamiste prônant des actes terroristes »*

- *Chellali Benchellali, père d'un des détenus français libéré de Guantanamo arrêté en Afghanistan, a été mis en examen, écroué et est en attente d'expulsion pour « association de malfaiteurs en relation avec une entreprise terroriste »*

- *Abdelkader Bouziane, l'imam de Vénissieux a été expulsé le 20 avril 2004 pour «complicité d'apologie de crime et provocation directe non suivie d'effet à porter atteinte à l'intégrité d'une personne » il a également défendu la polygamie dans une interview à un quotidien lyonnais. Mais il a pu revenir en France suite à l'action de son avocat. Il est considéré par les RG comme le chef spirituel des groupes salafistes en France*

- Ali Yashar, irakien, imam de la mosquée d'Argenteuil, est considéré par les RG comme l'un des principaux propagandistes de la doctrine salafiste en Ile de France. Ecroué depuis le 10 mai 2004, il est en attente d'expulsion

- Midhat Güler, responsable du mouvement extrémiste turc Kaplan en France, a été expulsé le 19 mai 2004 pour « incitation à la haine de l'Occident dans les sermons et glorification du djihad ».

Mais les autorités, dans un souci légitime d'évitement des tensions intercommunautaires, font généralement preuve d'une retenue étonnante dans l'application des lois républicaines. Selon un fonctionnaire de la préfecture de police, "*il y a un fossé entre la loi et la gestion des situations au quotidien (...) il est difficile de demander à une femme d'enlever son voile lors d'un contrôle d'identité*". Pourtant, nos voisins belges, dont les lois antiterroristes sont moins abouties que les nôtres, n'ont pas hésité à imposer la nécessité de faire voir son visage lors de contrôles d'identité. Jean Chabrol, le directeur départemental de la Sécurité publique des Yvelines, craint "*qu'un fonctionnaire de police refusant de prendre la plainte d'une femme voilée ne soit pas soutenu par la hiérarchie*".

Un cas est particulièrement symptomatique : celui d'une jeune femme originaire d'Afrique du Nord, gardien de la paix au 2e district de la division de l'ordre public et de la circulation de la préfecture de police de Paris. Le 25 août 2004, elle refuse, pour des raisons religieuses, d'enlever le voile qu'elle porte sous sa casquette. Le lendemain, pour les mêmes motifs, elle ne veut plus serrer les mains de ses collègues masculins et refuse également de porter bâton et menottes. Cette affaire est remontée jusqu'au préfet de police de Paris, là où une simple sanction disciplinaire du chef de service aurait suffi pour tout autre fonctionnaire.

La sociologie

Si la France compte plus de 5 millions de Musulmans, l'immense majorité d'entre eux sont des citoyens paisibles. La proportion d'islamistes radicaux ne représente que 5 à 10% de cette communauté, soit 300 000 à 500 000 personnes (0,5% à 1% de la population totale).

Mais leur activisme est intense. La ghettoïsation des banlieues et la montée en puissance de l'islam intégriste dans les quartiers sensibles, essentiellement peuplés de populations immigrées, sont symptomatiques du malaise profond des communautés musulmanes de France, tout particulièrement des jeunes hommes de la troisième génération de l'immigration, en échec d'intégration. Nous sommes ainsi confrontés à un problème sociologique profond au carrefour de quatre problématiques : celle de la jeunesse, celle des banlieues, celle de l'intégration des immigrés et celle de l'islam.

La première génération, arrivée au cours des années 1960 (les grands-pères), venait en France chercher du travail, sans objectif prémédité de s'installer durablement en métropole. Certains s'y implantèrent finalement. Dès lors, la finalité pour la seconde génération (les pères) était l'intégration complète dans la société française. Ils n'ont donc pas cherché à transmettre à leurs enfants le patrimoine culturel de leur pays d'origine - au-delà d'une tradition familiale - se voulant désormais citoyens français. Soucieux de s'intégrer dans la nation, ils ont élevé leurs enfants dans une logique française.

Mais aujourd'hui, la troisième génération constate l'échec relatif de la tentative d'intégration de la précédente, tout en n'ayant elle-même que très peu de perspectives. Ils reprochent à leurs parents et à leurs grands-parents de s'être trompés quant à leurs chances de réussite en France. Aussi, ces « fils » se retournent-ils vers leur autre culture grâce à laquelle ils espèrent retrouver une identité qui ne leur semble pas possible d'acquérir en France. Mais ils n'ont aucune notion réelle de cet héritage patrimonial car ni leurs pères ni leurs grands-pères n'ont jugé utile de le leur transmettre.

Ils sont donc doublement déphasés. Il y a ainsi un phénomène de rupture entre les générations d'immigrés, les jeunes se sentant doublement floués de n'être pas intégrés dans la société française et de n'avoir pas reçu l'héritage culturel du pays d'origine de leurs ascendants. Une partie importante d'entre eux se replie, avec beaucoup de passion et d'excès, sur les valeurs islamiques, perçues comme un retour aux sources. Cela explique en partie que les plus virulents d'entre eux, dans cette quête de leur identité d'origine, adoptent des comportements religieux bien plus intégristes que ceux de leurs parents.

Par ailleurs - et dans la même logique - derrière la volonté d'imposer le port du foulard aux femmes, s'exprime un phénomène de réappropriation de la virilité des jeunes d'origine nord-africaine. En effet, leurs sœurs et leurs femmes s'intègrent beaucoup mieux qu'eux dans la société française : par le biais des études supérieures qu'elles réussissent, par le biais de mariages mixtes, par l'adoption d'une féminité occidentale, etc. Les jeunes hommes qui n'arrivent pas à ce résultat souhaitent notamment remettre les femmes "à leur place" et prendre une revanche ; d'où le rôle emblématique du foulard et l'écho que reçoivent les prêches intégristes sur le rôle de la femme dans la société islamique.

A travers l'adhésion à l'islam radical - jusque dans ses manifestations djihadistes - il y a aussi une forme de romantisme révolutionnaire. Quelle que soit la raison de leur non-intégration, les jeunes des banlieues sont assoiffés d'aventure virile comme on peut logiquement l'être à la sortie de l'adolescence. Une partie des activistes parvenus jusqu'en Afghanistan, répond à ce type de logique.

A l'origine, jusqu'au 11 septembre 2001, l'islam et le djihad n'étaient pas en contravention avec les lois françaises. Certains jeunes partaient s'entraîner puis se battre contre les Soviétiques en Afghanistan, c'est-à-dire contre l'ennemi de l'Occident, soutenus par les Etats-Unis. Puis les conflits en ex-Yougoslavie et en Tchétchénie ont été de nouveaux « terrains de jeux ». Pour beaucoup, le recrutement par les imams était le début de l'aventure : on leur remettait de faux papiers, de l'argent liquide, des ordres et des courriers à transmettre. Ils partaient à Londres rencontrer d'autres Musulmans et avaient parfois des contacts clandestins. C'était la grande aventure, comme beaucoup de jeunes gens rêvent de la vivre.

Il faut considérer à ce titre que la suppression du service militaire a eu un effet négatif. Par le passé, nombre de jeunes Français près de sombrer dans la délinquance ont trouvé les valeurs qui leur manquaient après un séjour exigeant sous les drapeaux, dans un régiment parachutiste ou d'infanterie de marine. Les jeunes des banlieues d'aujourd'hui s'inscrivent pleinement dans un tel phénomène.

Enfin, il y a l'impact du décalage entre les rêves des jeunes et la réalité, conséquence directe de la facilité dans laquelle les nouvelles générations ont été élevées. Si l'on excepte le sport et les médias, qui peuvent permettre aux plus doués de connaître une réussite fulgurante en quelques années, force est de constater qu'il y a un fossé énorme entre ce dont ces jeunes rêvent et ce qu'ils peuvent effectivement réaliser. Le travail n'est pas pour eux une valeur, d'autant que leur absence de diplôme les conduira vers des postes sans attrait, faiblement rémunérés. Ce n'est donc pas en travaillant qu'ils réaliseront leurs rêves.

La délinquance, puis la criminalité sous toutes ses formes, sont des activités plus prometteuses à leurs yeux. Cette « entrée » dans l'illégalité n'est guère combattue par les parents qui n'ont sur leurs fils qu'une influence limitée, en raison du divorce intra-générationnel évoqué plus haut. Il y a donc une alliance objective - quoique non systématique - entre les délinquants et les « barbus » pour faire des banlieues sensibles des zones de non-droit dans lesquelles la police ait le plus grand mal à pénétrer. A l'écart de l'ordre républicain, l'islamisme radical et la criminalité peuvent ainsi se développer et donner naissance à de véritables réseaux terroristes.

L'Islam Terroriste

De tous les pays occidentaux, c'est la France qui a été, le plus tôt, confrontée au terrorisme islamique, sur son sol comme à l'étranger. Depuis plus d'un quart de siècle, ses services de police et de renseignement travaillent sur cette menace que Paris a été le premier à dénoncer comme le danger majeur du XXIe siècle, sans être suivi, au début, par ses alliés.

La confrontation de la France avec le terrorisme islamique a revêtu trois visages successifs et différents :
- les actions terroristes chiites impulsées par l'imam Khomeiny au cours des années 1980, manifestation du terrorisme d'Etat iranien
- les attentats de réseaux algériens, en prolongation du conflit ensanglantant leur pays, au cours des années 1990. Ces actes ont illustré une nouvelle collusion entre le terrorisme et le grand banditisme (réseau Khaled Khelkal notamment)
- les réseaux liés à la nouvelle dynamique Ben Laden, à partir des années 2000, dont certains sont solidement implantés au cœur de notre société, dans nos villes et dans nos banlieues.

Si au cours de la décennie 1980, le terrorisme islamique était exogène, au cours des années 1990 et 2000, les nouveaux réseaux djihadistes implantés sur notre territoire n'ont cessé de prendre de l'ampleur. Depuis 15 ans, les connexions entre les banlieues, le terrorisme international, la criminalité et l'islam radical n'ont fait que se renforcer. Ce phénomène trouve son aboutissement avec la présence de ressortissants français dans les camps d'entraînement taliban en Bosnie et aux côtés d'Al-Qaeda, au Maroc, en Australie, en Tchétchénie et, plus récemment, en Irak.

La cause terroriste
La lutte contre le terrorisme islamiste, consécutive aux attentats du 11 septembre 2001 et à la campagne d'Afghanistan, a révélé l'existence de filières de recrutement djihadistes sur notre territoire, à Paris comme en province. Certes, le phénomène n'est pas nouveau. Le coup de filet commun des RG et de la DST dans les milieux islamistes proches du GIA, en 1993, avait donné lieu à 105 interpellations et à de nombreuses condamnations.

Un an plus tard, la police découvrait qu'une partie des activistes du réseau ayant perpétré les attentats de Marrakech en 1994 avaient suivi un entraînement militaire en Asie centrale. Combien de jeunes des banlieues ont-ils séjourné dans les camps du djihad ? Quelles sont leurs motivations ? Que sont-ils devenus ? Les questions ne manquent pas. Il est essentiel de comprendre le processus qu'est susceptible de suivre un jeune Français épousant la cause islamiste.

La majorité des jeunes de nos banlieues n'accueille pas toujours les imams prédicateurs à bras ouverts, car ceux-ci prêchent des attitudes contraires à leur mode de vie (femmes, voitures, argent, voire alcool et trafics). Les « barbus sectaires » touchent surtout les plus fragiles psychologiquement, ceux qui recherchent un idéal ou une structure de pensée les rassurant.

La population « travaillée » par les « prêcheurs de haine » n'est pas homogène ; elle se compose d'individus de différentes origines : des Français d'origine nord-africaine (beurs), des jeunes issus de couples mixtes, des Français de souche, convertis à l'islam - qui sont parfois les plus exaltés - des Antillais et des ressortissants nord-africains - algériens notamment - vivant ou séjournant dans nos banlieues. L'effet de la prédication sur ces jeunes entraîne des transformations fondamentales qui les conduisent à une adhésion intégrale à la religion du Prophète et à ses valeurs les plus intégristes, puis à une fuite en avant vers le prosélytisme, la lutte et le terrorisme. Tel a été le cas d'Hervé « Djamel » Loiseau, retrouvé mort dans les montagnes afghanes. Mais le plus souvent le jeune qui s'engage dans le djihad ne connaît en fait pas grand-chose à l'islam, si ce n'est les quelques versets que citent aussi les pourfendeurs de la religion du Prophète, pour dénoncer le caractère belliciste de cette religion.

Il importe également de comprendre que la double rhétorique "islam + combat" a un réel pouvoir d'attraction chez une certaine frange des jeunes de banlieue, en mal d'intégration ou en manque de repères. Cela apparaît comme une perspective exaltante qui leur permet de sortir de leurs "zones", de s'ouvrir l'horizon et de partir à l'aventure. Dans un prêche qui circulait en 2002 dans certaines mosquées, le prédicateur comparait la lutte armée à un loisir. « Partir au djihad, c'est bien mieux que des vacances à Los Angeles. C'est l'aventure.

Vous êtes nourris, blanchis, vous découvrez de somptueux paysages et en plus vous aidez vos frères». La propagande est ainsi faite que les jeunes volontaires ont réellement le sentiment de s'en aller lutter, les armes à la main, pour le bien et contre le mal, à l'autre bout du monde. Cette vision romantique du djihad est bien loin de la réalité qu'ils vont rencontrer, car "le djihad n'a rien d'une rébellion généreuse (...) Tous ceux qui empruntent son chemin finissent derrière les barreaux... dans le meilleur des cas.

Une telle démarche de "départ" pour un musulman n'a rien d'exceptionnel. C'est la darwâ, c'est-à-dire le devoir de prêche et d'extension de la religion. Bien sûr, tout croyant ne le fait pas. Mais, le départ en darwâ ne signifie pas l'intégration dans un groupuscule terroriste : il y a des étapes et des filtres. C'est le mouvement Tabligh qui a longtemps assuré l'essentiel du recrutement des futurs djihadistes. Le Tabligh n'est pas un mouvement terroriste, mais il prépare le terreau où peut se développer la violence. En effet, "La conversion à l'islam d'individus fragiles comporte indubitablement un risque de dérive terroriste"

La Haine contre la France

Salafia est un terme arabe qui signifie « les pieux prédécesseurs ». Ce mouvement enjoint les musulmans à se référer aux compagnons du Prophète Mohammed. Seuls, ou presque, le Coran et les Hadiths (les « dits » du Prophète) font loi. Le wahhabisme, né à partir de la fin du XVIIIe siècle, a structuré le salafisme contemporain vu comme un « réveil » musulman. Mais l'on peut en faire remonter les origines à Ibn Taymiyya au XIVe siècle de notre ère, à une époque où le Moyen-Orient est « cerné » par les Mongols et les Croisés.

On estime les salafistes au nombre de 15000 à 20000 personnes en France. Il s'agit de Français ou de convertis. Ils ne cherchent pas du tout à être reconnus dans la société, à la différence des Frères musulmans et d'un Tariq Ramadan qui prônaient l'action politique pour lutter contre ce qu'ils percevaient comme un rejet des musulmans. Les salafistes quiétistes, les plus nombreux, sont dans une quête de sens et de religiosité. Ils recherchent un idéal de pureté et font de la prédication.

Cela séduit les personnes en rupture avec la société, dans les territoires relégués, mais aussi parmi les classes moyennes, notamment des jeunes gens, filles ou garçons, qui sont en révolte contre leurs parents. Concernant la mouvance « djihadiste qui ne représente qu'une minorité des salafistes, c'est aussi le besoin d' « aventure » et « d'héroïsme ». Leur slogan pourrait être « Faites la guerre, pas l'amour !» Ils sont contre les valeurs libérales. Ils rejettent tout le monde et à leurs yeux, le musulman impur est encore pire qu'un chrétien ou un juif.

Les Frères musulmans exerçaient une pression et détenaient une sorte de magistère. Ils avaient tendance à prendre de haut ceux qui ne parlaient pas arabe. De plus, des directives pouvaient venir de l'extérieur. Les salafistes, même s'ils travaillent avec des intermédiaires parfois formés à Médine, en Arabie Saoudite, sont libres de se constituer en communautés ou en cellules. Il y a, dans ce mouvement, un côté étonnamment moderne.

Au contraire de l'islamisme, le salafisme n'est donc ni un mouvement religieux à revendication politique, ni une organisation à proprement parler, plutôt une tendance de « régénération » de la foi et de réislamisation de la société. Un salafiste peut être considéré comme un musulman « ultra-orthodoxe ».

Le salafisme prône :
*   *le retour à l'islam des origines par l'imitation de la vie du Prophète, de ses compagnons et des deux générations suivantes ;*
*   *le respect aveugle de la sunna (tradition islamique, comprenant le Coran, les hadiths et la sira).*
*   *toute interprétation théologique, en particulier par l'usage de la raison humaine, accusée d'éloigner le fidèle du message divin ;*
*   *toute piété populaire ou superstition, comme le culte des saints, jugé contraire à l'unicité de Dieu (tawhîd) ;*
*   *toute influence occidentale, comme le mode de vie et la société de consommation, mais également la démocratie et la laïcité.*

En France, dans les années 1980, les salafistes ont d'abord été assimilés à des fondamentalistes ou des traditionnalistes. Les années 1990 et la guerre civile algérienne ont donné une tribune aux prédicateurs salafistes dans les banlieues françaises, qui acquièrent une nouvelle visibilité grâce à l'Internet. Plus récemment, de jeunes convertis et d'autres issus de l'immigration ayant tenté la hijra (l'installation en Arabie séoudite) en sont revenus déçus. Se concevant comme une groupe social communautaire « puriste », confortés par l'émergence des salafistes tunisiens et égyptiens lors des « printemps arabes », ils contestent davantage l'influence des Frères musulmans.

Aujourd'hui, le salafisme se décline en trois courants principaux :

*   Le salafisme « cheikhite » ou quiétiste, inspiré par le wahhabisme et les cheikhs implantés en Arabie séoudite, en Jordanie ou au Yémen, peut être considéré comme le plus littéraliste et le plus largement majoritaire à travers le monde. Uniquement préoccupé de vivre en symbiose avec les prescriptions coraniques, celui qui adopte cette forme de salafisme « de prédication » professe un certain mépris pour la vie sociale et politique et les courants engagés en politique, tels les Frères musulmans. Sous l'égide du cheikh Mohammad Nasser Al Dîn Al Albani (mort en 1999), du Yéménite Moukbil ou de l'imam algérien de Marseille, Abdelhadi Doudi, cette stratégie s'appuie sur une prédication non violente et non directement politique. La foi « revivifiée » doit naturellement transformer la société et, par-delà, le monde entier.

*   Al Sahwa al Islamiya (« le Réveil islamique »), une tendance directement inspirée d'un courant plus politique, conduite en 1991 par les deux cheikhs wahhabites Salman Al Awda et Safar Al Hawali contre feu le roi Fahd après la première guerre du Golfe. Il trouve son origine dans la vive protestation d'une partie des oulémas contre l'entrée de l'armée américaine

en Arabie séoudite.

En Algerie, Ali Belhadj se réclamait d'Al Albani mais le FIS recevait Al Awda avec tous les honneurs dans de son plus grand meeting en 1991 dans un stade d'Alger. L'influence des deux personnages a diminué en raison de la montée du salafisme radical et autres tendances réformistes. Hawali fut atteint, en 2005, d'une forte hémorragie cérébrale ; quant à Awda, qui ne se situe plus sur le terrain de la contestation, ses relations avec le royaume séoudien sont désormais au beau fixe. La référence la plus citée de ce courant reste le Syrien Mohammad Sourour, qui veut rétablir le pouvoir des religieux face aux politiques. Ayant vécu longtemps à Birmingham, en Grande-Bretagne, il y a créé le Centre islamique, toujours en activité. Ce courant minoritaire accepte de se lancer dans la politique quand ils estiment que l'identité islamique est remise en cause en Occident. Nés et ayant grandi en Occident, ces salafistes sont prêts à négocier leurs votes auprès des élus. Dans ces cas, ils deviennent des concurrents directs des Frères musulmans, avec lesquels ils partagent alors une stratégie d'entrisme dans la vie politique et se disputent la même clientèle.

•   Le salafisme « jihadiste » suit, lui, une ligne révolutionnaire : il constitue la base intellectuelle du terrorisme et des opérations suicide, encourageant des actions violentes contre les Occidentaux. Inspiré par l'expérience du Frère musulman égyptien Sayyed Qotb ou du Jordanien Abou Mohamed Al Maqdissi, il statue que tout musulman a l'obligation, où qu'il soit, de porter le fer contre ceux, musulmans ou non, qui oppriment les « musulmans pieux ».

Né au cours de la guerre contre les Soviétiques en Afghanistan durant les années 1980, ce courant est le fruit de la rencontre entre la doctrine traditionnaliste séoudienne et la stratégie de prise de pouvoir des Frères musulmans. C'est sur ce terrain mythique témoin de la victoire des moudjahidin contre la puissante URSS, que la plupart des liens se sont créés entre les futurs terroristes islamistes de la planète, depuis la Jamaah islamiya indonésienne jusqu'au GICM (Groupe islamiste combattant marocain). Dès lors, les salafistes jihadistes se prononcent pour le combat armé destiné à libérer les pays musulmans des occupations étrangères et des régimes jugés impies. Ils fustigent à la fois les islamistes pour leur manque de piété et les autres courants salafistes pour leur « hypocrisie » face aux États occidentaux.

Ce jihadisme est celui mené par Al Qaïda et développé par Al Zawahiri et Abou Mossab, qui portent la lutte à l'échelle mondiale tandis que d'autres privilégient d'abord le combat dans un cadre national (Tchétchénie, Irak, Palestine, Algérie). La dimension meurtrière de ce jihad est favorisée par la diffusion d'images sur vidéocassettes, CD-Rom et sur l'Internet, et culmine dans la seconde moitié des années 1990 jusqu'aux attentats du 11 septembre 2001, de Bali (2002), de Madrid (2004) et de Londres (2005). Son action est néanmoins battue en brèche dès le lendemain des attentats de New York.

L'intervention de l'OTAN en Afghanistan, l'interdiction progressive de toutes les cellules de soutien telles celles de certaines ONG et le volontarisme de tous les États auparavant rétifs à s'attaquer aux bases arrières du terrorisme (Royaume-Uni, Malaisie, Afrique de l'Est) ont considérablement limité le champ d'action du terrorisme jihadiste, même si le Pakistan et l'Afghanistan restent les maillons faibles du dispositif en offrant l'asile aux derniers combattants.

Les États musulmans eux-mêmes alternent les politiques de répression avec celles du « rachat », permettant aux anciens jihadistes de s'amender. Ainsi l'amnistie des repentis en Algérie a-t-elle peut-être permis l'arrêt de la guerre civile en 1997. La politique plus subtile des autorités égyptiennes qui ont négocié dès 1997, avec les membres de la Gamaa islamiyya le repentir dans leur prison, en est un autre exemple. Toutefois, les flux continus des jihadistes en Irak et la permanence des bases salafistes, bien que majoritairement quiétistes, prouvent que le terreau du jihadisme demeure vivace.

On assiste depuis 2011 à l'effacement spectaculaire d'Al Qaïda, dont la mort du chef Ossama Ben Laden, en mai 2011, a constitué le point d'orgue. Les mouvements religieux, tant islamistes que salafistes, n'ont pas participé au déclenchement des soulèvements populaires dans le monde arabe et les tentatives de récupération ont plutôt consacré la montée des islamistes « politiques », tels Annahda en Tunisie et les Frères musulmans en Égypte.

Il n'en reste pas moins que cette petite minorité de salafistes fait une lecture « révolutionnaire » de l'islam, qui rendrait légitime l'usage de la violence. Ils se voient comme des combattants pour une cause « juste »: l'instauration d'un État islamique qui préfigurera l'avènement de la justice de Dieu sur terre.

En France

La France constitue un véritable pôle de l'organisation en Europe. Les salafistes européens, âgés de 18 à 35 ans environ, sont un phénomène nouveau. Les salafistes sont estimés entre 20.000 et 30.000, dont un quart à un tiers de convertis issus de milieux catholiques ou protestants (Français « de souche métropolitaine », Antillais, Congolais, Zaïrois...). Ces derniers, désirant « compenser » une vie jusque lors éloignée de l'islam, sont souvent les plus radicaux.

Les salafistes « quiétistes » sont légalistes et se soumettent au système
Depuis plus d'un an, nous assistons à une recomposition du paysage djihadiste sans précédent dans les trente dernières années, avec le déplacement de l'épicentre du djihad mondial de la zone afghano-pakistanaise vers la zone syro-irakienne.

L'avènement de l'État islamique s'est fait progressivement. Sa genèse remonte au personnage d'Abou Moussab al-Zarqaoui qui a fondé la première organisation active sur le sol irakien à la suite de l'invasion américaine en 2003, laquelle organisation s'est transformée en Al-Qaïda en Irak pour devenir ensuite l'État islamique. Cet avènement s'est appuyé sur la déliquescence des États syrien et irakien, sur la force d'attraction du conflit en Syrie et, pour partie, sur l'attentisme de la communauté internationale, qui a mis longtemps à réagir à la progression de ces réseaux.

L'État islamique se distingue de toutes les autres organisations djihadistes depuis trente ans, à commencer par Al-Qaïda, par trois aspects.

D'abord son assise territoriale: il contrôle désormais un territoire aussi vaste que le Royaume-Uni. Ensuite sa force d'attraction, sa capacité de mobilisation sans précédent – plus de 20 000 combattants étrangers ont rejoint la zone syro-irakienne depuis trois ans –, avec une stratégie de propagande et de recrutement adaptée aux modes de pensée et de représentation du monde des candidats potentiels au djihad.

 législatif européen, meme si une loi contrevient à un principe religieux ; c'est le cas pour le voile des femmes, que les « quiétistes » ont appelé à ne pas porter si la loi l'exigeait. De la même façon, ils ont condamné toute forme de violence politique et d'actions terroristes après les attentats du 11 septembre, certains conseillant même aux musulmans occidentaux à collaborer avec les services de sécurité pour dénoncer une personne ou une organisation prônant la violence

C'est le changement de stratégie de la France, qui a décidé en août 2014 de rejoindre la coalition internationale, qui explique le changement de stratégie de l'EI, qui est passé depuis plus d'un an à une stratégie de djihad global, comparable à ce que faisait Al-Qaïda, et non plus à une stratégie de gain territorial et militaire."

Abou Mohammed al-Adnani, le porte-parole officiel de Daesh, a encouragé les djihadistes à travers le monde à tuer tous les ressortissants des pays membres de cette coalition. Néanmoins, l'impact de l'engagement français dans la coalition n'est pas le déclencheur de la haine particulière des djihadistes de l'Etat islamique envers la France.

Tous rêvaient de faire des attentats en France, même avant que la stratégie de l'EI ne passe d'un djihad régional à un djihad global. Mehdi Nemmouche revient pour commettre ses attentats en Europe avant qu'il existe une consigne en ce sens de l'EI.

La France est l'incarnation d'un projet universaliste rejeté par Daesh et que c'est aussi le pays colonisateur qui en a le plus renié les valeurs dans ses pratiques coloniales, notamment en Algérie.

Mais alors, pourquoi la France est-elle plus touchée que le Royaume-Uni, par exemple, qui est également membre de la coalition et qui a un passé colonial tout aussi chargé et peu glorieux ? Car celui de la France était principalement concentré au Maghreb, or les Maghrébins sont nombreux dans les rangs de l'EI.

La France est aussi le pays d'Europe qui compte le plus grand nombre de ressortissants au sein de l'EI. Au sein de l'EI, tous les combattants francophones combattent ensemble – Français, Belges, Maghrébins – et fournissent potentiellement beaucoup plus de volontaires que les anglophones par exemple. Sans compter que la France est aussi bien plus facile d'accès que les Etats-Unis ou le Royaume-Uni car sur le continent européen.

Mais au-delà de l'histoire géopolitique de la France, une raison idéologico-religieuse est à mettre dans la balance: l'unité de la France, d'après le chercheur, a été obtenue grâce à l'exclusion de la religion, considérée comme source de conflits, alors que dans les autres pays, cela s'est fait plus en douceur.

La France a plus de mal que les autres à trouver son identité et à assumer son passé chrétien. Être français ne peut se résumer à une adhésion aux principes républicains. Cette fragilité est très bien perçue par ceux qui veulent nous détruire. Les débats sur la laïcité ou encore la loi sur le voile n'ont rien arrangé. La stratégie de Daesh est donc de prouver que l'idéologie que porte le principe de laïcité en France n'est pas tenable.

L'État islamique essaie de faire en France ce qu'il a parfaitement réussi en Irak, en multipliant les violences envers certaines communautés, à savoir finir par convaincre les différentes communautés qu'elles ne pouvaient plus vivre ensemble.

Le chiffre

Neuf-cent trente personnes venant de France sont actuellement impliquées dans le djihad en Irak et en Syrie annonce le ministre de l'Intérieur, Bernard Cazeneuve. Selon le ministre, «350 sont sur place, dont 60 femmes. Environ 180 sont repartis de Syrie et 170 sont en transit vers la zone». «230 ont exprimé des velléités de départ. À ce total de 930 s'ajoutent 36 personnes décédées là-bas», a-t-il précisé.

En France, environ 950 personnes sont impliquées dans les filières syriennes, qu'elles y combattent actuellement (350), qu'elles soient en transit (150), rentrées (180), ou qu'elles aient des velléités de départ (220), selon un récent rapport parlementaire. Concernant les départs évités ces derniers mois à la suite de la mise en place de la plate-forme de signalement depuis le printemps, Bernard Cazeneuve a indiqué que «au moins 70 départs» ont pu être évités sur «350 signalements, dont 80 mineurs et 150 femmes».

Après chaque attentat, le gouvernement pointe du doigt la frange salafiste de l'islam. «Oui, nous avons un ennemi, et il faut le nommer: c'est l'islamisme radical. Et un des éléments de l'islamisme radical, c'est le salafisme», a lancé Manuel Valls lors d'une séance de questions à l'Assemblée nationale, après la décapitation d'Hervé Cornara par Yassin Salhi à Saint-Quentin-Fallavier, en Isère.

Présent en France depuis les années 1980 par le biais de la Ligue islamique mondiale, organisme basé à La Mecque et financé par le royaume saoudien, le salafisme wahhabite est un phénomène difficilement quantifiable. «Les services essaient de dénombrer les mosquées et salles de prière créées par des groupes salafistes, ou "déstabilisées" par eux après qu'ils ont renversé l'ancienne équipe dirigeante, ou encore "déstabilisables" et à ce titre surveillées par les renseignements territoriaux», explique un bon connaisseur de l'islam de France. Elles seraient environ 140 actuellement - le chiffre est très fluctuant – sur un total de 2 500 mosquées.

S'y ajoutent des écoles, souvent primaires, hors contrat, mais aussi des instituts privés d'enseignement de l'arabe et du Coran, des associations de soutien scolaire ou sportives. Des prédicateurs populaires – comme Nader Abou Anas, fondateur de l'association D'Clic, spécialisée dans la «da'wa», la prédication, se chargent également de diffuser la voie salafiste dans les mosquées ou sur Internet.

"Les salafistes doivent représenter 1 % aujourd'hui des musulmans dans notre pays, mais avec leurs messages sur les réseaux sociaux, il n'y a qu'eux finalement qu'on entend», a affirmé Manuel Valls en conclusion d'un colloque organisé à Paris par différents «think tanks» français et européens en réponse aux attentats de 2015. *«Il y a une forme de minorité agissante,*

des groupes (salafistes) qui sont en train de gagner la bataille idéologique et culturelle», a-t-il ajouté.

Une partie de ces organismes fonctionnent en réseaux («salafis de l'Est», « salafis du Sud»). *« Mais ce qui progresse le plus vite, c'est cette sphère de "salafisants", composée de gens qui ne sont affiliés à rien mais qui n'en tiennent pas moins le même discours exclusiviste, refusant le contact avec les "kouffars"»*, constate Bernard Godard, ancien membre du bureau des cultes au ministère de l'intérieur et auteur de *La question musulmane en France* (Fayard, 2015). Des associations humanitaires, comme Baraka City, ou consuméristes, comme Al Kanz, sont considérées par plusieurs spécialistes comme proches de cette mouvance.

Ce processus n'a toutefois rien d'automatique. Après les attentats du 13 novembre 2015, un groupe de *« prédicateurs salafis francophones »*, imams ou conférenciers de Marseille, Toulouse ou Birmingham (Grande-Bretagne) a *« condamné fermement ces actes abominables »*. *« On compte 13 mosquées salafistes à Marseille et assez peu de départs pour la Syrie »*, relève également un spécialiste. En revanche, à Sevran (Seine-Saint-Denis) comme à Lunel (Hérault), des groupes salafistes ont servi de relais pour encourager des jeunes à rejoindre les rangs de Daech. Reste aussi cette volonté des salafistes - a minima – de vivre entre eux, voire de rejeter tout contact avec la société « mécréante » environnante.

L'expansion en France du courant salafiste, qui plonge ses racines en Arabie saoudite, se fait sentir depuis la fin des années 1990. Adeptes d'une lecture littéraliste du Coran et d'une pratique rigoriste qui s'inspire des premières générations de l'islam, ces croyants se tenaient à l'origine à l'écart de la cité, y compris à l'écart de l'islam des mosquées lié aux traditions du Maghreb.

Face à cette présence de plus en plus affichée dans les structures existantes, le gouvernement a annoncé son intention de fermer les lieux de culte ou de dissoudre les associations qui «s'en prennent aux valeurs de la République ». Ce faisant, il semble jeter une même suspicion sur l'ensemble du courant salafiste, accusé de faire le lit du radicalisme. Or, soulignent les spécialistes, la majorité d'entre eux sont «quiétistes», animés par des préoccupations religieuses et hostiles à toute implication dans la vie sociale et politique. «Ils sont très critiques envers les djihadistes car ils les accusent de mélanger religion et politique», explique Samir Amghar, chercheur à l'Université libre de Bruxelles.

Cependant, les différentes familles du salafisme ont en partage des références idéologiques, un imaginaire religieux. Dans les années 1990, il pouvait y avoir une forme de continuum. Mais lorsqu'au début des années 2000, l'Arabie saoudite s'est clairement opposé au djihadisme, cette relation mécanique n'a plus existé. Les observations de terrain montrent qu'il n'y a pas de relation de causalité. Cela n'empêche pas qu'un quiétiste puisse basculer dans la violence par déception envers le manque d'action politique.

"Une minorité de salafistes est en train de gagner la bataille idéologique et culturelle de l'islam de France. Il n'y a qu'eux qu'on entend. Le salafisme peut amener à l'islamisme radical et au terrorisme", a déclaré Manuel Valls en clôture de la journée de conférences et de débats sur l'islam et la récupération politique en Europe. Les salafistes ne représentent qu'un pour cent des musulmans de France et pourtant, selon Manuel Valls, on entendrait qu'eux. Sur le net, beaucoup de vidéos sont publiées par des prédicateurs salafistes, ce qu'il fait qu'ils sont vraiment numéro 1 sur ce média.

Depuis quelques années leur pression se fait sentir dans les lieux de culte traditionnels. Azzedine Gaci, le recteur de la mosquée de Villeurbanne, date leur intérêt nouveau «du printemps arabe». «*Avant, les responsabilités, ça ne les intéressait pas, relève-t-il. Maintenant, si. Jamais ils ne participent à la construction d'une mosquée, mais une fois qu'elle existe, ils arrivent.*»

Ils commencent généralement par prendre pour cible l'imam. «*Ils critiquent son discours, ses vêtements, ses idées, sa façon de diriger la prière... Ils essaient de le déstabiliser*», décrit le responsable rhônalpin. Leur offensive prospère si «*la mosquée n'est pas bien gérée, si elle n'a pas beaucoup d'activité, si ses dirigeants sont peu identifiés ou n'assument pas leurs responsabilités*». Elle prend bien souvent les responsables en place au dépourvu. La plupart du temps, les membres de l'association culturelle, qui dirige le lieu de prière, évitent d'ébruiter leurs difficultés. Parfois ils tentent de s'accommoder avec ces groupes d'hommes souvent plus jeunes et plus présents, en leur concédant l'accès aux locaux pour des activités de prédication ou autres.

«*Certains ont peur d'une fermeture du lieux de culte en cas de querelle publique, d'autres, par crainte de la fitna [division], s'efforcent d'atténuer les conflits en espérant que cela aille mieux*», observe Haoues Seniguer, chercheur au Groupe de recherches et d'études sur la Méditerranée et le Moyen-Orient. Ils ont en tout cas peu de recours possibles pour les aider. «*Les instances musulmanes ne sont pas capables de gérer ces problèmes. Et certains politiques, certaines municipalités ne sont pas clairs dans leur façon de réagir. Beaucoup d'associations ont pignon sur rue sans avoir d'autorisation. Ce n'est pas normal* », accuse Azzedine Gaci

Les revenants

Selon les chiffres officiels, environ 1.100 Français sont partis en Syrie depuis 2012, souvent en famille. Dans la série de portraits proposée par David Thomson, journaliste pour RFI, on passe rapidement sur Bilel, premier

Français poursuivi en Turquie pour des actes de terrorisme et encore emprisonné sur place, un "naïf" assumé. Caché dans le livre derrière un pseudonyme, il raconte son retour volontaire de Syrie. *"Le déclic, dit-il, c'était les attentats de Paris"*. Il assure qu'il n'*"était pas venu pour cela"*. Il y a une part de candeur chez ce jeune homme parti la fleur au fusil et marié à une femme *"rencontrée via Facebook qu'il a fait venir de France"*, avant de lui faire un enfant sur place.

Il ne voulait pas combattre mais il s'est proposé comme chauffeur de l'organisation Etat islamique quand on en a recherché. Ses nuances de regrets s'expriment sur un registre surprenant : *"Moi, je ne suis pas venu pour imposer la charia. Je suis venu pour vivre sous la charia."* C'est sa prise de conscience qui l'a conduit à revenir, en appelant les autorités consulaires françaises pour organiser sa capitulation.

Figurent aussi, dans ce cortège, les jeunes gens blessés après quelques semaines dans un pays en guerre, qui détaillent leur fuite en arrière. La surprise est d'apprendre que l'EI compte une bureaucratie telle, qu'elle délivre des laissez-passer aux candidats au départ afin de lutter contre les désertions de plus en plus nombreuses. 250 Français déçus du djihadisme ont déjà fait le chemin inverse. Soit un sur quatre.

A leur retour, certains font plus pitié que peur, à l'instar de ce jeune homme qui tente de faire croire aux services de renseignement qu'il était en Turquie pour les vacances, qu'il s'est endormi dans un taxi et s'est retrouvé en Syrie. D'autres laissent un goût amer à la lecture de leur parcours. C'est le cas de celui-ci, revenu, "judiciarisé" et qui, de retour aujourd'hui dans sa famille et rendu à sa solitude, traîne devant ses écrans à l'affût de la moindre information sur la Syrie. Le hasard veut qu'il croise, à Paris, en plein quartier de Belleville, un réfugié syrien qu'il avait rencontré deux ans auparavant en pleine guerre.

D'autres, femmes comme hommes, ne sont pas revenus. "Je suis un simple soldat", proclame Abou, ancien petit dealer de shit du 93 installé en Syrie, précisant qu'il est décidé à rester et veut "tout exploser", "femmes, enfants, chats, chiens, chameaux et économie du tourisme". Ses héros sont tous ceux qui sont passés à l'action en France, notamment Rachid Kassim et inspirateur présumé de plusieurs attentats en France.

Dans son discours de jeune homme passé par les collèges et les lycées de la région parisienne, se lit un sentiment confus mais explosif : *"Il dit à la fois détester la France mais ne pas en vouloir aux Français, qu'il appelle pourtant à tuer"*, écrit David Thomson. La dimension psychiatrique n'est pas loin, même si l'auteur considère ce prisme peu convaincant.

Il prévient en ouverture de son livre : "*Ces milieux sont quasiment toujours traités par la lucarne de sources secondaires, émanant des services de police ou de justice : PV de garde à vue, ordonnances de renvoi, écoutes téléphoniques, etc... Considérant ce prisme comme indispensable et biaisé, j'ai fait le choix dès le départ de me couper de ce type de sources pour ne travailler qu'à partir de sources primaires, les djihadistes eux-même*

Le financement

Le revenu annuel théorique de l'organisation s'établit à près de 3 milliards de dollars par an, et que sa richesse, en comptant l'ensemble des réserves – pétrole, gaz naturel, etc. – qui sont à sa disposition, représente plus 2 000 milliards de dollars.

Ce financement présente trois caractéristiques. Premièrement,   l'État islamique est autosuffisant sur le plan financier. C'est un changement total de modèle économique par rapport aux dispositifs précédents, en particulier celui d'Al-Qaïda, qui dépendait de financements extérieurs provenant de donateurs privés ou institutionnels, notamment des ONG islamiques du Golfe.

Deuxièmement, les sources de financement sont diversifiées, s'appuyant principalement sur l'exploitation des ressources naturelles : pétrole, gaz naturel, agricultureLe revenu annuel théorique de l'organisation s'établit à près de 3 milliards de dollars par an, et que sa richesse, en comptant l'ensemble des réserves – pétrole, gaz naturel, etc. – qui sont à sa disposition, représente plus 2 000 milliards de dollars.
, eau. Troisièmement, les sources d'origine criminelle – extorsions, rançons – sont limitées. , eau. Troisièmement, les sources d'origine criminelle – extorsions, rançons – sont limitées.

Le régime actuel des sanctions ciblées, notamment le gel des fonds appliqué par l'Organisation des Nations unies, semble inadapté pour faire face à ce nouveau modèle économique et n'aura que peu d'effets sur le financement de l'État islamique. L'organisation est autosuffisante et n'effectue pas de transactions internationales.

Avec l'avènement de l'État islamique, Al-Qaïda est, pour la première fois depuis sa création en 1988, confrontée à une organisation concurrente. La structure d'Al-Qaïda a évolué : on est passé d'une organisation élitiste et combattante à une organisation multipolaire ayant de nombreux affiliés, puis à un mouvement attrape-tout, inspirateur plus qu'acteur opérationnel.

Al-Qaïda s'est progressivement détournée du champ de bataille et a laissé la place, d'abord à des structures affiliées, puis à des organisations combattantes locales. D'une certaine manière, elle s'est déterritorialisée et dématérialisée. Pour autant, le djihadisme n'a pas éclipsé le terrorisme. La dynamique des deux phénomènes veut qu'ils s'alimentent mutuellement.

Certains ont minimisé le risque terroriste représenté par l'État islamique en faisant valoir que son objectif était avant tout régional : celui de consolider le califat déclaré en juin 2014. Pour les spécialistes ce djihad régional se transformerait en menace globale.

D'abord parce que c'est l'histoire même du mouvement djihadiste de ces trente dernières années: les moudjahidines d'Afghanistan, par exemple, avaient également des objectifs régionaux avant de se transformer en Al-Qaïda. Ensuite parce que l'État islamique lui-même, confronté à une coalition internationale, a appelé dès septembre 2014 ses sympathisants à frapper les membres de cette coalition sur leur sol.

Enfin parce que, dans le cas de l'État islamique, bien différent de celui d'Al-Qaïda, la mobilisation est sans précédent: même si les objectifs stratégiques de l'organisation ne sont pas nécessairement terroristes aujourd'hui, la participation massive de djihadistes aura forcément — et a déjà — des conséquences sur le sol français et en Europe.

Dernier facteur: le djihad est depuis longtemps le ressort des mouvements terroristes islamistes. Sans cette base, ce ciment fédérateur tant idéologique que militaire, ceux-ci deviendraient des groupes nihilistes, sans véritable direction et voués à perdre progressivement leur crédit et leurs recrues.

L'État islamique dispose à la fois de la puissance d'une organisation et d'une capacité de mobilisation sans précédent, ces milliers de djihadistes étant susceptibles de constituer, à terme, une véritable force de projection terroriste si l'organisation le décidait.

Si Al-Qaïda et l'État islamique luttent pour le leadership du djihad mondial, les passerelles sont multiples entre les deux organisations, sur le terrain comme sur le plan idéologique. En témoignent les allégeances, soutiens et autres ralliements auxquels nous assistons depuis huit mois de la part de groupes précédemment affiliés à Al-Qaïda ou faisant dissidence.

Dans l'univers djihadiste, il existe également des liens qui transcendent les organisations. L'histoire a montré que les réseaux interpersonnels perdurent, que ces réseaux peuvent se reconstituer rapidement, qu'ils s'adaptent en permanence par nécessité ou opportunisme. C'est précisément cette ductilité qui fait leur force.

L'exemple le plus récent de cette situation nous a été donné avec les attentats de Paris (Janvier 2015), opération coordonnée entre les frères Kouachi et Amédy Coulibaly alors que les premiers et le second se réclamaient d'organisations distinctes.

Nous observons aujourd'hui la conjonction d'une menace nouvelle par son ampleur, la menace djihadiste, et d'une menace terroriste ancienne et latente qui refait surface à la faveur du contexte international. Cette menace est protéiforme. Les actions menées en Occident depuis plusieurs mois en témoignent: qu'elles se situent dans l'orbite terroriste ou dans la mouvance djihadiste, elles peuvent être dirigées, incitées, aidées ou simplement inspirées par ces organisations.

Protéiforme dans son origine, cette menace l'est également dans ses manifestations et son mode opératoire, qui sont désormais sensiblement différents de ce que l'on observait dans les années 1980, 1990 et 2000. Ces évolutions s'observent essentiellement dans quatre domaines.

Sur le plan structurel, nous devions faire face à des groupes structurés, organisés et hiérarchisés ; nous sommes passés à un terrorisme individuel ou «micro-cellulaire». Cette mutation a pour origine les groupes terroristes eux-mêmes, qui se sont adaptés aux contraintes sécuritaires et à l'atomisation des enjeux en privilégiant une approche dématérialisée, entretenant avec leurs membres ou leurs sympathisants un rapport quasi virtuel, sans contacts physiques, principalement grâce à l'Internet. Dès la fin des années 1990, un des stratèges d'Al-Qaïda, le syrien Abou Moussab al-Souri, avait anticipé cette mutation en prônant le djihad individuel – *jihad al-irhab al-fardi*.

En 2000, il expliquait lors d'un enseignement dans un camp d'entraînement afghan que «les jeunes rechignent à adhérer à une organisation hiérarchique par crainte d'être identifiés par les autorités». Le terrorisme, hier structuré par des organisations et des réseaux, s'est mué en une multitude d'acteurs groupusculaires qui n'entretiennent peu ou pas de liens hiérarchiques ou directionnels avec un des groupes terroristes. C'est ainsi que les actes de terrorisme individuel en Europe ont représenté 12 % des attentats entre 2001 et 2007 et de 40 à 45 % depuis cinq ans.

Sur le plan tactique, ces individus ou ces micro-cellules n'engagent pas de préparatifs importants, leurs actions sont parfois même improvisées, ce qui réduit encore notre capacité à les détecter et les identifier pour les neutraliser préventivement, contrairement à ce qui fut le cas pour la plupart des projets d'attentats en Europe dans les années 2000.

Ils recourent de moins en moins à l'explosif, ou de manière beaucoup moins sophistiquée qu'auparavant. Son maniement est considéré à raison comme complexe et l'acquisition de substances et de composants est sujette à la surveillance des services régaliens.

Ils privilégient le recours aux armes de poing et aux armes blanches, qui représentent 50 % des attentats planifiés depuis cinq ans en Europe. Enfin, ils préfèrent les attentats ciblés et symboliques à forte résonnance médiatique: communauté juive, police, militaires, Charlie Hebdo... C'est ce que l'on a appelé le «terrorisme stratégique», qui fait usage d'une violence ciblée, discriminée, vecteur, contrairement aux attentats «aveugles», d'une plus grande légitimité pour ces groupes.

Depuis 4 ans (2012), 20 000 combattants étrangers provenant de 90 pays se sont rendus sur le théâtre d'opérations syro-irakien, soit plus que de djihadistes partis en Afghanistan en dix ans. Parmi ces combattants étrangers nous dénombrons désormais près de 4 500 ressortissants ou résidents de 20 pays de l'Union européenne impliqués dans des filières djihadistes, sachant que 60 % d'entre eux proviennent de trois pays, la France, la Grande-Bretagne et l'Allemagne, et que 30 % viennent de France, ce qui représente le premier contingent européen.

Parmi ces 4 500 djihadistes, on estime qu'entre 800 et 1 000 sont revenus sur le territoire européen. Ce phénomène touche également plusieurs pays situés aux frontières de l'Union européenne : la Suisse, avec plus de 50 djihadistes, les Balkans, avec un effectif de 650, la Russie, d'où sont partis entre 800 et 1 500 individus.

Les conséquences de cet engagement sur le plan sécuritaire sont multiples. Dans tous les conflits impliquant la présence de djihadistes étrangers depuis trente ans, qu'il s'agisse de l'Afghanistan, de la Bosnie, de la Tchétchénie, de la Somalie ou de l'Irak, on a toujours observé des répercussions de cette participation à court, moyen ou long terme dans nos pays, la menace intérieure prenant la forme d'actions de propagande, de recrutement, de soutien ou de terrorisme.

Ce sont des djihadistes ayant combattu sur des théâtres étrangers qui ont été à l'origine de tous les projets d'attentats majeurs ayant visé le territoire national, notamment le projet contre le marché de Noël de Strasbourg en 2000, le projet du réseau Beghal visant l'ambassade des États-Unis à Paris en 2001, le projet d'attaque chimique à Paris en 2002 – réseau Ben Chellali – et les projets visant la tour Eiffel et la cathédrale Notre-Dame de Paris en 2010.

La première conséquence de cet engagement, pour une minorité de ces djihadistes, est le basculement au retour dans la violence terroriste, ou la poursuite du djihad sur leur propre sol.

La participation à des activités terroristes au retour résulte de deux processus déjà observés dans le passé : l'appartenance à une organisation et la socialisation. Dans le premier cas, le combattant a rejoint un groupe terroriste dont l'objectif affiché est de frapper les pays occidentaux, il sera donc incité ou dirigé à plus ou moins long terme pour commettre un acte terroriste.

C'est le cas, typiquement, de la cellule de Hambourg, qui mena les attentats du 11 septembre. Dans le second cas, c'est le contact, l'interaction avec d'autres combattants et la conscience progressive de la légitimité d'une action sur son propre sol qui inspire le djihadiste pour passer à l'action. Ce fut le cas de la cellule de Francfort en 2000 et de la filière tchétchène en 2002.

L'étude la plus récente, qui date de 2013, montre que, entre 1990 et 2010, sur 945 djihadistes occidentaux s'étant rendus sur un théâtre d'opérations à l'étranger, 107 ont été impliqués dans la commission d'actes de terrorisme, soit plus de 11 %. En France, le magistrat antiterroriste Marc Trévidic estime que cette proportion est de 50 %.

À l'heure actuelle, 4 Français sur les 190 qui sont revenus du théâtre d'opérations syro-irakien ont été impliqués à leur retour dans des activités terroristes, qu'il s'agisse de la préparation ou de la commission d'attentats, ce qui représente 2 % des « retournées». Cette proportion est identique à celle que l'on observe au plan européen.

La seconde conséquence découle à court terme du retour de djihadistes et à long terme de l'impact qu'auront ces événements en termes de radicalisation.

Les combattants ont une capacité d'endoctrinement très forte à leur retour car ils disposent d'un ascendant important et sont auréolés de leur statut de combattant. Ils sont donc susceptibles de mener des actions de propagande, de prosélytisme et de recrutement.

Au-delà des seuls combattants, l'emprise et l'enracinement à long terme, par capillarité, du phénomène salafiste djihadiste et de ses soutiens, sont une cause de préoccupation majeure, amplifiée par la propagande massive et accessible à tous les groupes djihadistes.

Le gouvernement estime aujourd'hui à plus d'un millier le nombre de sympathisants français sur l'Internet. Une minorité d'entre eux, à l'instar des combattants, ont une capacité de mobilisation, comme nous l'ont montré les attentats et projets d'attentats déjoués depuis deux ans.

Cette capacité de mobilisation est alimentée par la propagande des groupes djihadistes, notamment l'État islamique qui a appelé à plusieurs reprises depuis le mois de septembre ses sympathisants à frapper les pays de la coalition, appels eux-mêmes relayés par des combattants occidentaux de diverses nationalités.

De ce point de vue, l'État islamique agit plus comme un catalyseur et un déclencheur du passage à l'acte que comme une source de radicalisation.

Depuis le début du conflit en Syrie, plus de vingt projets d'attentat ont visé les pays occidentaux et leurs ressortissants. Sur les seize attentats ou projets d'attentat documentés, sept, soit un peu moins de la moitié, ont été menés à leur terme.

À l'exception de l'action commise à Bruxelles par Mehdi Nemmouche avant l'appel de l'État islamique à des actes individuels, ces attentats ont été perpétrés par des personnes qui n'avaient pas combattu sur le théâtre d'opérations djihadiste en Syrie ou en Irak, soit qu'elles en eussent été empêchées, comme ce fut le cas de différents terroristes en Australie et au Canada notamment, soit qu'il se fût agi de sympathisants d'organisations djihadistes.

Par ailleurs, neuf attentats ou projets d'attentat ont été conçus par des individus agissant seuls. Pour ce qui est du mode opératoire, les individus ayant combattu sur le théâtre d'opérations syro-irakien envisageaient des modalités complexes – attaques multiples, usage d'explosifs, attaques suicides –, tandis que les sympathisants recouraient à des modalités rudimentaires – voiture bélier, arme blanche, arme de poing, fusil de chasse –, suivant en cela les recommandations formulées par le porte-parole de l'État islamique al-Adnani au mois de septembre 2014.

Enfin, comme nous l'avons constaté avec plusieurs terroristes condamnés en France et déchus de leur nationalité française, notamment Djamel Beghal, mentor d'Amedy Coulibaly et de Chérif Kouachi, certains n'ont toujours pas pu être expulsés en raison de l'opposition de la Cour européenne des droits de l'homme, qui invoque des risques de traitements inhumains et dégradants pour refuser leur expulsion, notamment vers l'Algérie.

Il faut également s'interroger sur le contrôle qu'a l'État islamique de plusieurs établissements bancaires – environ 24 à Mossoul, à Rakka, à Deir Ezzor. Aujourd'hui encore, aucune sanction internationale ne vient frapper ces établissements qui, j'en ai eu la confirmation tout récemment, continuent à effectuer des transactions internationales. Nous sommes en effet dans un régime de sanctions ciblées et de gel des fonds qui nous oblige à identifier des individus, des intermédiaires ou des sociétés pour bloquer leur accès au système financier international.

Le phénomène des filières djihadistes, qui concerne au premier chef la zone irako-syrienne, atteint une ampleur sans précédent et la radicalisation touche désormais une grande diversité de personnes. Il en résulte une aggravation très préoccupante de la menace terroriste, qui a également profondément changé de nature par rapport à celle que notre pays a connue dans les années 1990 et 2000.

Les organisations terroristes djihadistes constituent une première source de menaces. Il s'agit d'Al-Qaïda et des groupes qui lui sont affiliés, notamment Al-Qaïda dans la péninsule arabique, qui a revendiqué l'attentat commis par les frères Kouachi, ou Al-Qaïda au Maghreb islamique (AQMI), ainsi que de Daech.

Les retours de djihadistes de la zone irako-syrienne sont l'un des facteurs importants de l'aggravation de la menace, la majorité d'entre eux ayant combattu dans les rangs de Daech, qui a officiellement appelé le 21 septembre 2014 à la commission d'attentats terroristes en France et dans les pays participant à la coalition.

Radicalisation

Le phénomène que connaît actuellement la France est largement inédit, tant au regard de son ampleur que de sa nature. Le nombre des Français ou résidents français concernés par les filières irako-syriennes connaît depuis janvier 2013 une constante augmentation. Les djihadistes quittant la France rejoignent principalement les rangs de Daech et, dans une moindre mesure ceux de Jabhat Al-Nosra, organisation affiliée à Al-Qaïda.

D'après les chiffres communiqués par le ministre de l'Intérieur le 19 mai 2015, 1 683 individus ont été recensés, ce qui représente un triplement depuis janvier 2014. Les chiffres communiqués à la date du 26 mai font état de 1 704 personnes impliquées.

Ce nombre recouvre des situations différentes et on distingue parmi ces personnes:
- 457 individus présents en Syrie ou en Irak, dont 137 femmes et 80 mineurs (dont 45 jeunes filles)
- 320 individus considérés comme en transit entre la France et la Syrie

- 278 individus détectés comme étant repartis de la zone, dont 213 sont revenus en France. Les autres sont principalement localisés en Turquie et dans les pays du Maghreb. Depuis les premières frappes de la coalition en septembre 2014, le nombre de volontaires ayant regagné la France est passé de 121 à 212, soit une progression de 57 %
- 105 présumés morts dont 8 dans des opérations suicides
- 2 détenus en Syrie
- 521 ayant des projets de départ.

L'ampleur de la menace terroriste djihadiste est donc sans commune mesure avec ce qu'elle a pu représenter dans les années 1990 et 2000, avec les filières afghanes, bosniaques ou tchétchènes. Ainsi, une quarantaine de djihadistes Français seulement avaient combattu en Afghanistan au cours de la dernière décennie.

Le phénomène des départs pour le djihad vers la zone irako-syrienne n'est pas propre à la France, le recours aux « combattants étrangers » faisant partie intégrante de la stratégie de Daech : comme l'a indiqué devant la commission d'enquête M. Laurent Fabius, ministre des Affaires étrangères et du développement international, environ 20 000 de ces combattants, originaires de plus d'une centaine de pays, sont recensés dans les rangs de Daech, sur un nombre total de combattants estimé entre 40 000 et 50 000.

La majorité de ces combattants étrangers provient des pays d'Afrique du Nord : entre 2 000 et 3 000 de Tunisie, entre 1 500 et 2 000 du Maroc, entre 1 300 et 2 500 de Jordanie, 1 300 de Turquie, 500 d'Égypte.

En agrégeant les personnes qui sont présentes dans cette zone, celles qui y sont décédées ou détenues, celles qui sont en transit pour la rejoindre, la France apparaît actuellement comme le principal pays européen de départ, suivie par le Royaume-Uni, avec 700 départs, l'Allemagne, 600, et la Belgique, 250 environ.

Il convient néanmoins de souligner les limites des comparaisons internationales. En effet, les méthodes de comptabilisation du nombre de «combattants étrangers» ne sont pas harmonisées au niveau européen. Par ailleurs, le décompte dépend des capacités de détection des États ainsi que de leur volonté de partager ces données sensibles.

Au-delà du phénomène des départs vers la zone irako-syrienne, selon les chiffres communiqués par le ministère de l'Intérieur le 18 mai dernier, environ 2 800 personnes nécessitent une attention particulière de la direction générale de la sécurité intérieure (DGSI), dont 1 345 en raison de leur implication dans les filières irako-syriennes.

M. Bernard Cazeneuve, ministre de l'intérieur, avait indiqué, lors de son audition du 21 janvier 2015, le chiffre de 3 000 personnes en incluant les personnes relayant les discours des groupes terroristes sur internet et les réseaux sociaux.

Profil

Les personnes ayant quitté la France pour la zone irako-syrienne constituent une population jeune. Un nombre croissant de mineurs est concerné, certains adolescents élaborant des projets de départ vers la zone irako-syrienne à l'insu de leur famille tandis que d'autres mineurs, parfois très jeunes, sont partis avec leurs familles.

Une diversification des profils est observée. Plus de 20 % sont des femmes. Celles-ci sont souvent les épouses de djihadistes ayant accompagné ou rejoint leur mari, parfois avec leurs enfants mais des jeunes filles ont également rejoint la zone irako-syrienne (45 jeunes filles sur 80 mineurs).

Par ailleurs, si la majorité des djihadistes est issue de familles de culture arabo-musulmane, plus de 20 % de convertis sont cependant comptabilisés, cette proportion atteignant 25 % s'agissant des femmes.

Leur origine sociale est également diverse. Depuis le début de la guerre civile en Syrie en 2013, on pouvait constater un afflux de jeunes issus des classes moyennes vers le djihadisme, alors que l'image classique que nous avons du djihadiste est celle d'un jeune de banlieue qui est passé par les étapes suivantes : déviance, prison, sortie de prison, récidive, participation à des trafics, illumination mystique (...), voyage initiatique dans des pays où sévissent des formes de djihadisme, retour en Europe, accomplissement d'un certain nombre d'actes violents sur les citoyens.

Il est ainsi frappant de constater que plus de la moitié des personnes parties vers la zone irako-syrienne étaient inconnues des services.

Les départs se sont faits principalement de six régions : Île-de-France, Rhône-Alpes, Provence-Alpes-Côte d'Azur, Languedoc-Roussillon, Nord-Pas de Calais et Midi-Pyrénées. Néanmoins, il convient de souligner que l'ensemble du territoire est concerné et que les données relatives à la répartition géographique doivent être analysées en tenant compte de la démographie des différentes régions, ainsi que des phénomènes de départs groupés qui ont affecté certains départements, qu'il s'agisse de départs de familles entières ou de groupes de jeunes.

S'agissant de la population, plus large, des personnes radicalisées, les données relatives aux signalements recueillis par le CNAPR et par les états-majors de sécurité départementaux traduisent également une absence de profil type :
- 75% des signalements concernent des majeurs et 25% des mineurs ;
- 35 % des signalements concernent des femmes ;
- s'agissant des mineurs, 56 % des signalements concernent des jeunes filles ;
- 41 % des signalements concernent des convertis ;
- 9 % des personnes signalées sont déjà parties, principalement en Syrie.

Il convient cependant d'interpréter ces chiffres avec prudence, dans la mesure où ils ne concernent que les cas de radicalisation ayant fait l'objet d'un signalement, émanant en règle générale de la famille, et comportent donc différents biais. Ainsi, la part des convertis s'y trouve surreprésentée car les familles de culture arabo-musulmane utilisent moins le dispositif de signalement, ce qui peut être lié à des différences de perception sociale de la radicalisation. La proportion importante de signalements concernant des femmes peut, quant à elle, s'expliquer par une attention plus importante des familles à leur égard. La répartition géographique des signalements correspond à celle des personnes concernées par les filières irako-syriennes.

Idéologie politique

Les auditions menées par la commission d'enquête en 2015 ont apporté un éclairage sur la dimension guerrière et politique du djihad, que la commission considère comme plus importante que sa dimension religieuse. Ainsi que l'ont rappelé des membres de la commission d'enquête, lorsqu'Ibn Saoud a pris le pouvoir dans ce Nedjd qu'il allait transformer en Arabie saoudite, ne cachait-il pas ses ambitions politiques sous un discours religieux?

Pour M. Mohamed Zaïdouni, président du conseil régional du culte musulman de Bretagne, un élément-clef permettant d'expliquer la radicalisation d'un individu tient à son ignorance ou à sa connaissance insuffisante de la religion. « *La plupart de ceux qui tombent dans la radicalisation ne connaissent pas leur religion ou la connaissent mal par manque d'outils linguistiques et théologiques. L'ignorance est un terreau fertile pour la culture du fanatisme, elle prédispose à l'endoctrinement et à la radicalisation. Les terroristes qui passent à l'acte ne sont pas solidement* enracinés dans leur religion et n'ont reçu qu'une éducation spirituelle superficielle. Ayant connu la délinquance, le banditisme ou la prison, souvent en situation d'échec scolaire ou social, ils sont en quête d'une forme de reconnaissance et rattachent pour cela leurs actes à une religion, voire à un simple slogan dont ils ignorent la signification profonde ».

Plusieurs notions religieuses sont d'ailleurs détournées par les djihadistes. Les islamistes radicaux font du combat contre les « mécréants », c'est-à-dire principalement les juifs et les chrétiens, mais aussi contre les apostats, le principe de base de leur islam. Ils cherchent à imposer la violence comme une obligation, une preuve de foi qui serait la seule façon de combattre les valeurs païennes qui gouvernent le monde.

Pour cela, ils détournent le concept de djihad qui signifie à l'origine «l'effort du croyant» dans sa recherche de Dieu. Or ce djihad spirituel est d'abord un engagement envers soi-même. Selon M. Dalil Boubakeur, président du Conseil français du culte musulman, le mot arabe jihad renvoie à l'effort : jahada, c'est faire effort. « Celui-ci a une connotation quasi mystique : c'est un effort sur soi-même pour se corriger, se purifier, pour être un bon musulman, quelqu'un qui se remet en question et essaie d'être à la hauteur de ce que Dieu attend de lui ».

Certains spécialistes rappellent que ce n'est que sous des conditions très strictes qu'il peut devenir un djihad armé établi par l'autorité de l'État, et non par des individus, uniquement en cas de légitime défense.

Comme le rappelle Mme Dounia Bouzar, anthropologue du fait religieux, toutes les religions monothéistes évoquent dans leur récit une fin du monde. Dans l'islam, elle se réalisera sur la « terre du Sham » qui correspond à une vaste région qui englobe la Syrie, le Liban, la Jordanie, la Palestine ainsi qu'une partie de l'Irak et de la Turquie.

Le massacre d'une partie du peuple syrien par le président Bachar el-Assad a constitué, aux yeux des radicaux, l'un des signes de l'imminence de la fin des temps : selon eux, la Syrie sera l'actuel théâtre de la prophétie apocalyptique mondiale annoncée par les textes saints et c'est donc là que se produirait la « troisième guerre mondiale » conduisant à la fin du monde ;

le Mahdi, descendant du prophète apparaissant à la fin des temps pour sauver le monde, émergera des légions djihadistes actuellement au combat ; seuls accèderont au paradis les « Véridiques » ayant combattu au sein de l'armée du Mahdi, les autres étant voués à l'enfer, et chaque martyr pourra emmener avec lui 70 personnes au paradis. C'est cette vision qui incite les jeunes en voie de radicalisation à gagner le Sham et délégitime tout individu qui reste en Occident.

Enfin, la notion d'«hijra» peut se traduire par la « fuite», l'«exil » ou l'«émigration» et évoque le départ contraint du Prophète, persécuté, de la Mecque vers Médine en l'an 622. S'ouvre alors une ère nouvelle, l'Hégire, qui marque le début du calendrier islamique et correspond à une période où les musulmans cessent de fuir, affrontent leurs ennemis et se lancent dans des conquêtes territoriales.

Les islamistes radicaux actuels auraient, selon Mme Dounia Bouzar, déformé le sens de ce concept pour convaincre les jeunes qu'ils vivent les mêmes persécutions que le prophète (interdiction du foulard, stigmatisation dans les médias, discriminations à l'embauche...) et les inciter à vivre en Syrie ; l'Occident est une terre à fuir et tout musulman restant ailleurs que sur la terre du Sham est illégitime car appartenant aux ennemis de l'islam.

Il est d'ailleurs révélateur de constater que certains djihadistes ayant rejoint la Syrie ne sont pas partis pour combattre sur la ligne de front, mais pour ouvrir des commerces ou des restaurants à Racca ou occuper des fonctions administratives ou judiciaires – un juge islamique de Daech serait ainsi de nationalité française.

Interrogés sur ce point, les services du ministère de l'intérieur reconnaissent qu'« *il conviendrait en effet de distinguer les individus partant dans la zone syro-irakienne pour combattre ou apporter leur soutien aux combattants - les "djihadistes" - de ceux et celles souhaitant simplement faire leur hijra, c'est à dire vivre dans un milieu purement islamique. Cependant cette distinction n'est pas aisée à opérer, cette distinction n'étant pas forcément connue, perceptible ni toujours claire dans l'esprit des "partants".* »

L'idéalisme de l'homme révolté par l'injustice du monde semble prédominer chez les djihadistes. L'individu se marque en rupture à travers la séduction que constitue le modèle narcissique du « rebelle » dans nos sociétés. Le nouveau croyant se restructure autour d'un contre-système de valeurs supposées traditionnelles qui le différencient du monde environnant : il oppose la frugalité à l'opulence du monde ; la pudeur et la décence à la sexualité agressive commerciale des pays occidentaux : la spiritualité au matérialisme ; la solidarité à l'individualisme.

Lors de son audition devant la commission d'enquête, M. Samir Amghar, chercheur, a ainsi affirmé : «Dans le marché des utopies, il ne reste que le djihadisme». Selon M. Fahrad Khosrokhavar, «*dans les banlieues et dans les prisons, qu'on le veuille ou non, l'islam dans sa version djihadiste est devenu la religion des opprimés. Tous ceux qui ont des reproches à faire à la société trouvent des réponses en son sein ».*

Selon lui, les jeunes qui, dans les années 1970, auraient pu adhérer aux groupes d'extrême-gauche violente tels qu'Action directe en France, les Brigades rouges en Italie ou Baader-Meinhof en Allemagne, trouvent dans le djihadisme un écho à leurs revendications : anti-impérialisme, anti-américanisme, rejet de l'arrogance occidentale.

Le professeur Raphaël Liogier ne dit pas autre chose lorsqu'il affirme que «*le califat occupe une place omniprésente dans l'imaginaire, même inconscient, des musulmans ; il peut revêtir des traits abstraits ou spirituels, mais il peut également représenter une utopie politique à l'image de la société sans classe de Karl Marx* ».

On ne peut d'ailleurs manquer de faire le rapprochement entre «l'idéologie » djihadiste et ses méthodes et celles de l'extrême-gauche violente, notamment dans la définition des cibles symboliques à atteindre – comme les tours du World Trade Center qui incarnent le capitalisme – ou dans l'évocation de conflits comme celui qui oppose les Israéliens et les Palestiniens.

Dans son récent rapport d'information sur l'indignité nationale, le président de la commission des Lois de l'Assemblée nationale, M. Jean-Jacques Urvoas, établit un parallèle entre le mouvement anarchiste que la France et d'autres pays d'Europe ont connu un siècle plus tôt et l'actuel terrorisme djihadiste.

La fin du XIXème siècle et le début du XXème siècle sont marqués en France par une répression inflexible à l'égard des anarchistes qui ont choisi la voie de la terreur à partir des années 1890 pour diffuser leur idéologie.

Fondé sur la négation du principe d'autorité dans l'organisation sociale et le refus de toute contrainte découlant des institutions dont la raison d'être repose sur ce principe, à commencer par l'État, l'anarchisme a alors pour but de développer dans le monde entier des contre-modèles politiques, institutionnels, économiques, sociaux et culturels : les anarchistes prônent une société sans domination et sans exploitation, où les individus-producteurs coopèrent librement dans une dynamique d'autogestion et de fédéralisme.

Afin d'imposer ce modèle, ils recourent aux méthodes les plus dures : terrorisme, actions de récupération et de reprise individuelle, expéditions punitives, sabotage, boycott, voire certains actes de guérilla. Parmi leurs opérations les plus retentissantes qui, alors, marquèrent les esprits figurent les assassinats du tsar Alexandre II le 13 mars 1881 ou du président de la République Sadi Carnot à Lyon le 24 juin 1894, les tentatives d'assassinat de l'empereur Guillaume Ier d'Allemagne, des rois Alphonse XII d'Espagne et Humbert Ier de Savoie, ou encore divers attentats à la bombe et homicides.

Or, selon le président Urvoas, «*par bien des aspects, le terrorisme djihadiste auquel la France est aujourd'hui confrontée est comparable au terrorisme anarchiste de la fin du XIXème siècle. Ses affidés s'attaquaient déjà à des symboles de la "classe bourgeoise", de l'État, par définition oppresseur (magistrats, Chambre des députés, président de la République) et s'en prenaient parfois aussi, au hasard, à des anonymes. Peu organisés et parfois "auto-radicalisés" pour reprendre un néologisme contemporain, ils agissaient souvent seuls ou en petit nombre, comme les auteurs des récents attentats terroristes à Paris notamment. Ils étaient animés par un véritable esprit de vengeance et ne semblaient pas craindre la mort à l'instar des actuels terroristes djihadistes*».

Plusieurs chercheurs ont souligné que la radicalisation djihadiste dans son aspect révolutionnaire et totalitaire présentait des similitudes avec d'autres mouvements extrémistes non religieux. L'embrigadement djihadiste peut utiliser des méthodes d'emprise mentale caractéristiques des groupes sectaires et s'appuyer sur l'ensemble des moyens offerts par la propagande moderne.

Ainsi, en imposant le port du niqab et du jilbab aux jeunes filles, les intégristes effacent leurs contours identitaires. Privées de leur identité et de leur individualité, elles se fondent dans le groupe qui s'autorise alors à penser à leur place. Pour les garçons, cette destruction identitaire passe par un changement de nom.

La radicalisation procède le plus souvent d'une logique de rébellion qui peut expliquer en partie ses déclinaisons violentes et ses penchants révolutionnaires. Il n'est pas surprenant de constater que ce sont les plus jeunes, plus fragiles et influençables et souvent en quête d'idéal, qui sont les premiers touchés par ce phénomène.

Selon les personnes entendues par la commission d'enquête, il convient toutefois de rester prudent sur ce qui relève d'une part des manipulations sectaires, qui présuppose une perte de libre arbitre et réduisent le radicalisé au statut de victime et, d'autre part, ce qui est du ressort de la criminologie. Car, il n'y a pas toujours que de « jeunes victimes vulnérables» et sous emprise de gourous manipulateurs.

Certains jeunes, parfois délinquants, peuvent trouver dans cette déviance apparente un exutoire commode à leurs pulsions criminelles ou une couverture de respectabilité dissimulant des activités moins avouables. Par ailleurs, certains radicalisés épousent en toute connaissance de cause, sans perte de libre arbitre, le djihadisme en véritables militants politiques activistes.

Quiétiste et Djihadiste

Le salafisme est un mouvement ultra-orthodoxe de l'islam développant une approche littéraliste des versets coraniques et de la tradition prophétique. Une multitude de tendances s'est développée au sein de cet ensemble ; elles s'opposent entre elles sur les plans religieux et politique.

La particularité du salafisme français réside dans la large domination de sa branche quiétiste, légaliste et pacifique. Les tenants de cette mouvance se caractérisent par leur apolitisme et par leur rejet de la violence. Ils s'opposent ainsi systématiquement au positionnement politique des Frères musulmans en Égypte et à celui des islamistes marocains et algériens, car ils considèrent que l'islam n'est que religieux.

Le salafisme quiétiste critique les valeurs dominantes de la société et ne les reconnaît pas car elles ne sont pas régies par les lois islamiques. Un fossé existe cependant entre le discours et la pratique, car l'environnement, perçu comme hostile, conduit à réaliser des compromis. M. Rachid Abou Houdeyfa, très populaire auprès des jeunes musulmans, diffuse régulièrement sur Internet des vidéos regardées par plusieurs dizaines de milliers de personnes, il développe à partir de la matrice salafiste quiétiste l'idée qu'il est tout à fait possible de concilier salafisme et intégration dans la société française.

Toutefois, selon M. Samir Amghar, chercheur, les positions des salafistes ne semblent pas tranchées sur ce point. Selon lui, un certain nombre de salafistes quiétistes considèrent néanmoins qu'il s'avère impossible d'être pleinement musulman en France et qu'il y a lieu d'envisager d'émigrer.

Le salafisme représente le mouvement bénéficiant du plus grand nombre de conversions religieuses, et 20 à 30 % des salafistes sont des convertis. L'origine ethnique de ces derniers s'avère variée, puisque, selon M. Samir Amghar, « *ce sont des Français de métropole, des Camerounais, des Congolais, des Zaïrois, des Réunionnais ou des Martiniquais. Ils se convertissent au salafisme car celui-ci défend une vision rigoriste de l'islam ; tout parcours de conversion marquant une rupture, les tendances les plus orthodoxes, voire les plus radicales, se révèlent les plus attirantes. En outre, comme ils ne proviennent pas de familles de culture musulmane, ces personnes développent un complexe d'islamité et souhaitent rattraper leur retard en embrassant une vision orthodoxe de la religion ».*

L'écrasante majorité des salafistes ne deviennent pas des djihadistes. C'est d'ailleurs là la différence majeure entre le djihadisme et le fondamentalisme : un grand nombre de djihadistes – y compris les frères Kouachi et Amedy Coulibaly, ne sont pas passés par la phase fondamentaliste. Dans des cas très minoritaires, il arrive que le fondamentalisme soit l'antichambre du djihadisme. Mais il peut aussi être, une sorte de « remède contre le djihadisme, dans la mesure où les fondamentalistes observent un certain nombre de prescriptions contraignantes et se considèrent souvent, de ce fait, comme des élus, ce qui satisfait leur subjectivité ».

La radicalisation peut être non djihadiste, ainsi que le montre le cas d'Anders Breivik, qui a tué plus de soixante-dix personnes et en a blessé plus d'une centaine d'autres en Norvège. La radicalisation, au sens où les sociologues l'entendent, est la conjonction d'une idéologie radicale et d'une action violente.

De même, une action violente qui n'est pas inspirée par une idéologie radicale est une action crapuleuse, qui relève de la criminalité de droit commun. Pour les fondamentalistes, dans la très grande majorité des cas, cette conjonction n'existe pas. D'ailleurs, une suspicion indue à l'égard des fondamentalistes peut, au-delà d'un certain seuil, pousser quelques-uns d'entre eux vers des formes d'action violente, dans la mesure où ils penseront que, de toute façon, aucune différence ne sera faite entre des djihadistes et eux. En France, le fondamentalisme n'est pas illégal tant qu'il n'est pas assorti d'une action violente. M. Fahrad Khosrokhavar insiste sur ce point : soyons vigilants et n'identifions pas indûment fondamentalisme et djihadisme: ils relèvent de deux registres différents ».

L'endoctrinement

Les vidéos de l'islam radical n'apparaissent pas dès le premier abord. De nombreux jeunes visionnent d'abord sur les réseaux sociaux des vidéos qui contestent le système productif et la société de consommation. Une partie des messages s'appuie sur des faits avérés ou vraisemblables tels que des médicaments qui se sont avérés nocifs, divers scandales alimentaires, des publicités mensongères ou certaines pratiques commerciales outrancières.

Ces vidéos ne sont pas malveillantes en elles-mêmes, mais leur cumul repris sous l'angle du complot immerge le jeune dans une vision du monde où la duplicité prévaut et où « on nous cache la vérité ».

Le jeune a alors le sentiment d'avoir trouvé « la vérité cachée » qui explique à la fois son mal-être et l'état déplorable de la société. Il se laisse alors entraîner dans une succession de vidéos qui le dépriment, le paniquent mais aussi le galvanisent. Ces vidéos non prosélytes servent de moyen d'approche et contribuent à déstabiliser les individus fragiles, choqués par le cumul des contenus.

Une seconde série de vidéos persuade ensuite le jeune que des sociétés secrètes manipulent l'humanité et dirigent l'ensemble du monde à l'insu du peuple. La plus nocive d'entre elles serait celle des Illuminati, que les vidéos accusent de s'infiltrer partout pour asseoir son pouvoir. Certaines vidéos veulent persuader le spectateur que des symboles sataniques sont cachés partout, de l'étiquette de boissons sucrées aux billets de banque d'un dollar...

Enfin, une troisième série de vidéos persuade le jeune que seule une confrontation finale avec le monde peut sauver l'humanité grâce au « vrai islam ». Ces vidéos ont pour but de prolonger la phase d'endoctrinement en mettant en exergue des images encensant la beauté de la création d'Allah. Se mêlent à ces images réconfortantes des extraits détournés de témoignages de convertis, souvent sincères et d'interviews de pseudo scientifiques. Le jeune est alors sommé de se réveiller pour rejoindre le véritable islam, non pas celui de l'Arabie Saoudite, de la Tunisie ou de la France, mais celui des Véridiques, qui peut seul régénérer le monde lors de la confrontation finale.

Arrivent alors des vidéos de recrutement dont le but est de convertir un internaute qui ne se posait à l'origine aucune question spirituelle mais se trouvait plutôt engagé dans une volonté de se battre contre les injustices. Immergé dans une vision du monde où tout n'est que complot et mensonge, le jeune est persuadé que l'islamophobie n'est que la facette ultime du complotisme dans la mesure où cette religion constitue la seule chance de combattre les forces sataniques. Devenir un musulman rigoriste devient alors l'unique façon de détruire ces sociétés secrètes qui veulent anéantir l'humanité.

Le jeune se retrouve mentalement prisonnier d'une paranoïa qui peut le pousser à entrevoir les pires actes pour faire face au pire des mondes. (...) Le passage à l'acte terroriste devient possible si le sujet se met à entrer en contact avec des sites radicaux et à côtoyer des extrémistes prônant cette vision sombre et sans concession du monde.

Internet est la communication idéale pour un fonctionnement basé sur le réseau, ce qui est le cas des groupes terroristes en général. (...) Les terroristes d'aujourd'hui ne fonctionnent pas dans le vide ni isolément, contrairement aux apparences, mais sous la forme de réseaux qui apparaissent comme des organismes vivants nourris de dynamique de groupe, souvent plus élaborés qu'on ne le pense, en dépit des apparences de logistiques parfois sommaires. [...] Le réseau est l'élément-clé du fonctionnement d'un groupe terroriste, si réduit soit-il.

La mosquée

Le passage par la mosquée n'est pas automatique. Pour l'anthropologue, l'islam radical peut faire basculer des jeunes sans qu'ils n'aient participé à aucune prière. Certains sont partis ou voulaient partir en Syrie sans qu'aucune pratique religieuse ne soit décelée la veille.

Dans d'autres parcours, les radicaux passent par une mosquée pour renforcer l'alibi religieux de l'endoctrinement de leur victime. Ils créent alors une confusion en se faisant passer pour de simples musulmans orthodoxes alors qu'en réalité, ils mettent en place un processus d'endoctrinement de leur victime : interdiction de rencontrer ses anciens amis, cessation de certaines activités, arrêt des études... Les familles se retrouvent démunies face au changement de comportement de leur enfant et mettent parfois beaucoup de temps à réaliser qu'il ne s'agit pas seulement d'une conversion religieuse.

D'autres observateurs font remarquer qu'aucune enquête n'a permis de mettre en évidence qu'un djihadiste français se serait radicalisé à la mosquée. En effet, il semblerait que, dans aucune mosquée, ne soit tenu un discours ouvertement favorable au djihad. En revanche, selon certains observateurs, des religieux – salafistes quiétistes et représentants du mouvement tabligh – restent neutres, refusant de laisser entrer la politique dans les lieux de culte.

En réalité, il semblerait que les imams soient dépassés par un phénomène qu'ils découvrent en même temps que le reste de la population française. Si la radicalisation ne passe pas officiellement par les prêches prononcés par les imams dans les mosquées, cela ne signifie pas que le rôle de ces lieux de culte soit négligeable. Cela peut être l'endroit où se font des rencontres, où des religieux sans titre officiel peuvent essayer, à la sortie du prêche et de manière plus ou moins discrète, de porter un autre message. Selon divers témoignages, la mosquée peut également être le lieu où sont repérés les musulmans modérés, et sur lesquels des islamistes peuvent tenter d'imposer leur emprise.

Le rôle de la prison

Espace géographique clos, la prison suscite des débats sur le rôle qu'elle peut jouer en matière de radicalisation et de djihadisme. Deux opinions opposées s'affrontent : celle pour laquelle la prison serait la «pouponnière» du djihadisme et celle pour laquelle son rôle serait surévalué.

Le phénomène échapperait aux autorités carcérales qui ont en tête un modèle de radicalisation aujourd'hui obsolète et totalement en porte-à-faux par rapport à la réalité de la radicalisation. En effet, depuis quelques années, les détenus les plus radicalisés adoptent une attitude introvertie, ne se laissent pas pousser la barbe, ne montrent aucune agressivité à l'égard des surveillants, voire dissimulent leur religiosité à ces derniers lorsqu'ils se convertissent.

De telle sorte que les surveillants sont, dans plusieurs cas, totalement ignorants du phénomène. Cette nouvelle forme de radicalisation concerne souvent de très petits groupes, deux ou trois personnes au maximum, afin de ne pas appeler l'attention de l'administration pénitentiaire.

Seule une minorité des individus se trouvant aujourd'hui en Syrie ou en Irak aurait fait, au préalable, l'expérience de la détention. Et s'il est vrai que les djihadistes qui ont commis les attentats de Toulouse et de Paris avaient tous eu pas produite en prison.

Si la prison n'est pas réellement un lieu où se forment les futurs djihadistes, la situation pourrait évoluer avec l'incarcération en grand nombre de djihadistes revenant du Moyen-Orient. La réponse de nature carcérale apportée à ces jeunes qui reviennent en France présente cet inconvénient.

Ce qui frappe dans l'analyse du profil de tous ceux qui sont entraînés dans des opérations à caractère terroriste, c'est l'extraordinaire fongibilité entre le monde de la petite délinquance et le monde du terrorisme, soit que les petits délinquants basculent dans le terrorisme après s'être radicalisés en prison auprès de détenus radicalisés, soit qu'ils apportent un soutien logistique à des opérations sans nécessairement savoir ce à quoi ils participent.

Jusqu'à ce jour, la quasi-totalité de ceux qui ont commis des actes violents au nom du djihad étaient issus des banlieues et avaient été des délinquants : Khaled Kelkal en 1995 ; Mohammed Merah en 2012 ; Mehdi Nemmouche à Bruxelles en 2014 ; les frères Kouachi et Amedy Coulibaly en janvier 2015 ».

Bernard Bajolet

Le directeur de la DGSE après avoir été ambassadeur dans des pays sensibles comme la Jordanie, la Bosnie-Herzégovine, l'Irak et l'Afghanistan, ce sexagénaire à la fine barbiche, réputé pour son parcours hors norme et son style peu conventionnel, a inauguré la fonction de coordonnateur national du renseignement à l'Élysée sous Nicolas Sarkozy en 2008.

Il a quitté ce poste en 2011, estimant qu'il n'avait pas assez d'influence. Fin connaisseur des arcanes du pouvoir et des terrains de guerre, il a été nommé à la tête de la DGSE par François Hollande en avril 2013. Il y pilote près de cinq mille personnes, allant des as de la cyberguerre aux agents du SA, lesquels sont essentiellement des militaires formés aux opérations clandestines de tout type, y compris les assassinats ciblés.

Homme de confiance, Bernard Bajolet dispose d'un contact personnel avec le président de la République, n'hésitant pas à le joindre plusieurs fois par jour si nécessaire. Quitte, parfois, à court-circuiter le général Puga et l'actuel coordonnateur national du renseignement, l'ancien préfet de Corrèze Alain Zabulon.

Bernard Bajolet, auditionné à huis clos, en mai 2016, par la commission d'enquête parlementaire sur les attentats de 2015:

«La DGSE a plusieurs particularités. Tout d'abord, c'est un service intégré, qui regroupe des capacités de renseignement humain, technique et opérationnel. Le renseignement opérationnel est celui que nous n'obtenons pas par des sources, mais que nous allons chercher directement, à mains nues, en quelque sorte. Nous avons aussi une capacité d'entrave. L'entrave ne consiste pas nécessairement à éliminer tel ou tel individu, mais à empêcher une action.

Ces interventions ne sont pas seulement menées par la direction des opérations, mais elles peuvent aussi l'être par la direction du renseignement, par exemple en portant un cas devant la justice, en faisant arrêter des individus, en faisant arraisonner par la Marine nationale ou une marine étrangère un bateau qui transporte de la drogue ou des armes. Ces actions peuvent prendre des formes très différentes. Nous pouvons aussi apporter un soutien aux forces armées françaises ou à des services étrangers pour obtenir une action particulière.

Dans un service comme le mien, le renseignement humain est soutenu par le renseignement technique. Ainsi, plusieurs agents en rapprochement de la direction technique appuient les officiers de recherche ou les analystes dans chaque bureau de la direction du renseignement. À l'inverse, le renseignement humain soutient la recherche technique et les capacités opérationnelles.

Il est très important, pour obtenir du renseignement technique, d'accéder à certains réseaux à l'étranger : c'est grâce au renseignement humain ou opérationnel que nous sommes en mesure d'en dresser la cartographie. C'est pourquoi, dans certains pays, nous avons des capacités dont de très grands services, telle la National Security Agency (NSA), ne disposent pas.

En outre, nos moyens techniques sont mutualisés et mis à la disposition des autres services de renseignement français. Dans la pratique, cela se traduit par des postes déportés auprès d'autres services, en particulier la direction générale de la sécurité intérieure (DGSI) et la direction du renseignement militaire (DRM).

A propos de 13 Novembre

Je ne veux pas être trop spécifique. Nous connaissions plusieurs des auteurs des attentats de novembre. Nous suivions en particulier, depuis le mois de janvier 2015, le réseau Abaaoud, en liaison avec un projet d'attentat du « groupe de Verviers ». Nous avons aidé nos homologues belges à déjouer cet attentat. Comme vous le savez, Abaaoud a pu s'échapper. Si nous ne l'avons pas vu sortir de Syrie, nous avons appris, en coopération avec la DGSI, sa présence sur le sol français après les attentats du 13 novembre. Nous pensons que ceci a peut-être contribué à empêcher une autre vague d'attentats, mais nous n'avons malheureusement pas pu prévenir ceux du 13 novembre.

Le rôle de mon service est la détection en amont, à l'étranger, des attentats visant le sol français, et nous travaillons alors en collaboration avec la DGSI, qui est chef de file en ce qui concerne la menace visant le territoire français. Les personnes que nous suivons circulent entre l'Europe et les zones de jihad, syro-irakiennes, libyennes ou autres. Ce n'est donc du renseignement ni purement extérieur ni purement intérieur, ce qui amène à une étroite imbrication des deux services.

Nous connaissions parfaitement la dangerosité du personnage et savions qu'il nourrissait ce type de projets. Tous les moyens ont été mis en œuvre : moyens humains, techniques, et coopération avec les partenaires. Cette coopération ne nous a jamais fait défaut, y compris s'agissant des Belges. Les Belges ont les capacités qui sont les leurs, mais leur bonne volonté et leur professionnalisme ne sont pas en cause. Nous savions donc qu'Abaaoud était retourné en Syrie, mais nous ne l'avons pas vu ressortir. Nous avons retrouvé sa trace peu après l'attentat du 13 novembre. Il a ensuite été localisé et neutralisé.

La difficulté à laquelle nous nous heurtons est que ces terroristes sont rompus à la clandestinité et font une utilisation très prudente, très parcimonieuse, des moyens de communication : les téléphones ne sont utilisés qu'une seule fois, les communications sont cryptées et nous ne pouvons pas toujours les décoder. De plus, pour connaître leurs projets, il faut avoir des sources humaines directement en contact avec ces terroristes : or ces réseaux sont très cloisonnés, ils peuvent recevoir des instructions de caractère général, mais avoir ensuite une certaine autonomie dans la mise en œuvre de la mission qui leur est confiée. Cet ensemble de moyens fait que, en dépit de la mobilisation des moyens humains et des sources techniques des services, un certain nombre d'individus peuvent nous échapper.

Il est toujours facile de raconter certaines choses a posteriori. Les Belges n'étaient pas censés savoir qu'Abaaoud était en Grèce et n'avaient donc pas de raison de prévenir les Grecs. Je ne fais que formuler une hypothèse, je ne sais pas ce qu'il en est réellement, mais, au moment où l'on engage une opération comme celle que les Belges ont lancée à Verviers, le nombre des interlocuteurs qu'on prévient n'est pas infini, pour d'évidentes raisons de confidentialité. Il faut toujours prendre avec précaution ce qui se dit après coup.

Nous suivons un grand nombre d'individus : nous savons qu'ils sont dangereux et que certains ont des projets – mais cela ne veut pas dire que nous serons en mesure de les déjouer. Ces individus voyagent sous de fausses identités, suivent des itinéraires extrêmement compliqués et disposent d'une certaine autonomie dans leurs agissements. Dès lors, quand bien même on sait qu'un attentat va être commis, quand bien même on connaît le nom des terroristes, on ne peut pas toujours le prévenir si l'on en ignore le lieu et la date.

Cela explique certains échecs, car les attentats du 13 novembre représentent évidemment pour moi un échec. Je l'ai dit, le rôle de mon service est de détecter et d'entraver les menaces situées à l'étranger et visant soit le territoire national – nous travaillons alors en coopération avec la DGSI –, soit nos intérêts à l'extérieur. Mais, souvent, nous détectons sans être en mesure d'entraver. Des attentats comme ceux du 13 novembre marquent bien un échec du renseignement extérieur : ils ont été planifiés à l'extérieur de nos frontières et organisés en Belgique, c'est-à-dire dans l'aire de compétence de la DGSE. Ils représentent aussi sans doute un échec pour le renseignement intérieur, dans la mesure où ils se sont produits sur notre sol, même si le commando ne disposait pas de base en France – mais d'autres schémas peuvent être envisagés, qui mettraient en jeu des cellules dormantes sur le sol français.

Après un attentat, nous faisons un retour d'expérience. On pourrait parler de faille si, en remontant le fil des événements, nous découvrions que nous disposions d'un renseignement que nous n'avons pas correctement exploité, ou qui serait passé inaperçu parmi de très nombreux autres. Nous avons accompli ce travail de manière honnête et rigoureuse, et nous n'avons pas découvert a posteriori d'éléments permettant de penser que nous aurions pu éviter ces attentats.

Cela ne veut pas dire, cependant, que nous n'avons aucune leçon à tirer des événements. Je ne vais pas vous expliquer que nous aurions pu éviter ces attentats si nous avions eu plus de moyens : nous avons ceux que nous avons demandés, même s'il faudra plusieurs années pour les mettre en œuvre. Après de tels attentats, nous nous interrogeons pour savoir ce que nous pouvons faire pour améliorer notre capacité de renseignement technique et humain, de façon à réduire la probabilité que quelque chose nous échappe. C'est ce que nous faisons tous les jours, et nous avons tiré les conséquences des attentats de janvier et novembre 2015.

Même avec les moyens dont disposent les États-Unis, nous ne ferions pas forcément mieux. Ce n'est pas une question de moyens. Simplement, nous ne sommes pas infaillibles. Le but est de réduire la probabilité que nous laissions passer un incident.

Quand des attentats ont lieu à Bamako, à Ouagadougou ou au Grand-Bassam, c'est également un sujet de grande frustration pour mon service. Nous entretenons une coopération forte avec ces pays, nous y sommes fortement implantés, nous les soutenons et les aidons. Encore ne déplorerait-on aucune victime française, des attentats y font des victimes parmi nos alliés, les affaiblissent, peuvent les déstabiliser. Notre rôle est aussi d'éviter ces attentats.

Mais il faut mettre cela en rapport avec des réussites dont, par définition, vous n'avez pas connaissance, puisqu'il s'agit d'attentats que nous avons empêchés.

Depuis janvier 2013, mon service a contribué à la conception, à la planification et à la conduite de soixante-neuf opérations d'entrave de la menace terroriste : douze ont permis d'éviter des attentats contre des intérêts français à l'étranger, six des projets d'attentats susceptibles de frapper des intérêts occidentaux – puisqu'ils n'ont pas eu lieu et que nous ne savions pas s'ils nous visaient spécifiquement, on ne peut pas savoir s'il y aurait eu des victimes françaises – et cinquante et une opérations ont eu lieu afin de réduire la menace terroriste, c'est-à-dire faire arrêter des gens, déjouer des projets ou mettre des terroristes hors d'état de nuire. Ces opérations ont eu lieu dans les régions suivantes, par ordre décroissant : l'Afrique subsaharienne, la zone afghano-pakistanaise, la corne de l'Afrique, la Syrie, l'Europe, la Libye et l'Égypte.

Pour présenter ces mêmes chiffres sous un autre angle, notre rôle a consisté à transmettre des renseignements à nos partenaires pour leur permettre de déjouer les attentats dans vingt-neuf cas, et, dans quarante opérations, nous avons directement contribué à la mise en œuvre de celles-ci. Parfois les sources étaient uniquement des sources humaines, mais, le plus souvent, les informations étaient de source humaine et technique.

Pour nous, mettre hors d'état de nuire signifie neutraliser par des arrestations ou d'autres moyens. Nous intervenons en appui des forces armées françaises et de nos partenaires de la coalition. Nous fournissons des renseignements à la coalition, notamment ce que nous appelons des points d'intérêt. Nous avons fourni, aussi bien pour l'Irak que pour la Syrie, de très nombreux points d'intérêt, qui sont ensuite exploités et complétés par la direction du renseignement militaire.

Nous avons accru le rythme et l'intensité de nos opérations, notamment celles du service action. Il est utilisé au plein de ses capacités sur ces différents théâtres. Pour en revenir aux leçons tirées des attentats, nous ne sommes pas partis de zéro. Depuis plusieurs années, tout particulièrement depuis les années 2010, la coopération avec la DCRI devenue DGSI s'est renforcée. Mais nous sommes passés à un stade supplémentaire après les attentats du mois de janvier 2015, puisque nous avons une cellule insérée à la DGSI, à Levallois, dirigée par un cadre de très haut niveau de mon service. Cette cellule, qui comporte des agents de la direction du renseignement et de la direction technique, a accès aux bases de données de mon service et peut donc fournir en temps réel à ses collègues de la DGSI tous les éléments dont ils ont besoin.

La stratégie de mon service est le renforcement de la coopération et une totale transparence avec la DGSI. Notre coopération a atteint un niveau sans précédent, mais l'objectif que je partage avec Patrick Calvar est encore plus ambitieux, car, malgré cela, des différences culturelles, des différences de méthode et d'approche subsistent. Le rapprochement des cultures ne veut d'ailleurs pas dire leur fusion : chacune d'elles a son mérite, il n'est pas souhaitable de les faire disparaître. Mais cette relation n'est pas encore arrivée à un degré d'irréversibilité. Mon but est de l'ancrer dans la durée.

La collaboration entre la DGSE et la DGSI est confortée par la cellule Allat, qui comporte, outre ces deux services, les quatre autres du premier cercle, plus deux des services dits « du deuxième cercle », à savoir le service du renseignement territorial (SRT) et la direction du renseignement de la préfecture de police de Paris (PP). À l'instar de ce que nous avons fait avec la DGSI, chacun des services participants doit avoir accès à ses bases de données. C'est la valeur ajoutée. Ces deux cellules, qui sont installées dans des lieux contigus, contribuent à donner une fluidité sans précédent aux échanges d'informations entre les services. Le risque de faille du fait d'une information qui n'aurait pas été transmise d'un service à l'autre est considérablement réduit.

Ce renforcement de la coopération est perfectible, mais il constitue une révolution silencieuse en cours, qui a plus de valeur, à mes yeux, que ces changements d'organigramme qui ont parfois les faveurs des soi-disant experts qui se répandent dans la presse.

Deuxième conséquence des attentats du 13 novembre, nous avons franchi une étape supplémentaire, en particulier sur le plan technique, en décidant d'un partage beaucoup plus systématique des données. Jusqu'à une date récente, elles étaient quasiment la propriété de chacun des services, qui ne les échangeaient qu'avec parcimonie. Nous sommes passés à un autre stade en nous appuyant sur une disposition de la loi du 24 juillet 2015, codifiée à l'article L. 863-1 du code de la sécurité intérieure, qui permet des échanges de données entre les services. Ce partage est réciproque, étant entendu que chaque service intervient dans le cadre de ses missions. Et nous restons soucieux d'éviter toute fuite de ces données : plus on échange, plus ce risque existe. Il y a donc des protections particulières.

D'autre part, mon service a la responsabilité des grands programmes techniques mutualisés. Nous avons mis au point des instruments qui sont prêts aujourd'hui, et sur le point d'être utilisés par les différents services. Ils doivent permettre une gestion beaucoup plus fluide du suivi des terroristes, et une priorisation, car, étant donné le nombre de cas que nous devons suivre, il est très important de les hiérarchiser et de savoir qui fait quoi. Nous avons élaboré ces instruments pour les mettre à la disposition des autres services.

Nous avons procédé de même avec la direction du renseignement militaire.

La DRM apporte des renseignements en vue de l'attrition des groupes terroristes. Un groupe de travail s'est créé sous l'égide de la DRM, en vue du ciblage en zone Syrie-Irak, et nous y participons avec les autres groupes de la communauté du renseignement.

C'est le cas pour la Syrie et l'Irak: la marginalisation des Sunnites depuis 2003 en Irak et depuis les années soixante en Syrie fait que Daech peut s'appuyer sur des populations sunnites qui ne se sentent pas reconnues par l'État. Ce n'est pas une excuse, mais c'est la raison pour laquelle la prise de villes comme Mossoul, Raqqah ou Syrte est difficile si l'on ne résout pas d'abord les problèmes politiques.

En Irak, le problème politique n'a pas vraiment été abordé. Certes, le Premier ministre Haïder al-Abadi essaie, sans succès à ce jour, de régler la question, mais il doit faire face à des pressions internes ou externes et n'arrive pas, pour le moment, à intégrer les Sunnites au pouvoir. Quelques-uns sont présents, mais ils ne sont pas suffisamment représentatifs. Tant que ce problème ne sera pas résolu, il sera très difficile de prendre une ville sunnite comme Mossoul, car il faudra y affronter la population si les troupes engagées ne sont pas en majorité sunnite.

De même, en Syrie, le problème n'est pas seulement celui de la personne de Bachar al-Assad, mais celui de savoir si le gouvernement sera ou pas représentatif des différentes composantes de la population. Tant que ces problèmes n'auront pas été résolus, le nombre de terroristes ne cessera d'augmenter. Plusieurs centaines de Français combattent actuellement en Syrie et en Irak, mais raisonner en termes de nationalité n'a pas beaucoup de sens : il faudrait plutôt compter les francophones, et ne pas oublier que les membres du commando qui a attaqué à Paris le 13 novembre n'étaient pas tous francophones. Même si le problème était résolu sur les plans politique et militaire, il resterait cette foule de djihadistes, auxquels il faut ajouter ceux qui sont revenus de Syrie et ceux qui cherchent à s'y rendre.

La Libye représente un défi bien différent : là, il n'y a pas d'opposition entre Sunnites et Chiites, mais des problématiques tribales, qui ne sont pas moins complexes. Là aussi, nous avons besoin d'un gouvernement d'union nationale représentant l'ensemble de la Libye et il reste encore beaucoup à faire pour que ce soit le cas.

Dans ce pays, il faut surtout éviter une intervention militaire occidentale qui serait la meilleure façon d'unir tous les Libyens contre nous. Ça ne veut pas dire qu'il ne faut rien faire, mais qu'il faut agir de façon extrêmement discrète contre le terrorisme. L'action politique requiert un temps long, tandis que l'action contre le terrorisme demande un temps plus court. Pour le moment, Daech n'est pas structuré, en Libye, de façon aussi solide qu'en Syrie et en

Irak. Une intervention intempestive ne pourrait que transformer la Libye en une terre de jihad plus attrayante. Quoi qu'il en soit, nous avons évidemment le souci d'éviter un transfert des combattants étrangers de la zone syro-irakienne vers la Libye.

Nous n'avons pas de contacts avec les services syriens. Les derniers petits contacts que nous avons eus remontent à octobre 2013, dans des conditions un peu rocambolesques. À ce moment, les Syriens soumettaient la reprise des relations avec les services de sécurité à des conditions politiques. J'ai le sentiment que les Syriens n'ont jamais fait de la lutte contre le terrorisme une priorité.

D'autre part, il n'y a pas de GSM dans les zones contrôlées par Daech, et je ne suis pas convaincu que les services syriens y aient tellement de sources, bien que plusieurs personnes qu'ils ont relâchées de la prison de Sednaya soient des terroristes qui ont rejoint le Jabhat al-Nosra et Daech. Enfin, je constate que ceux de nos partenaires européens qui ont des contacts avec eux ne paraissent pas en tirer des renseignements bien extraordinaires.

Il ne faut jamais dire jamais, mais nous avons des doutes sur l'intérêt de tels contacts en termes de renseignement : il faudrait d'ailleurs connaître, au préalable, les contreparties politiques qui nous seraient demandées, car de tels contacts seraient forcément instrumentalisés par le régime.

Quant à la fermeture de l'ambassade, elle n'a pas eu d'impact en termes de renseignement. Renseignement humain et renseignement technique vont toujours de pair, et il faut s'assurer que le renseignement humain est toujours au niveau. Le renseignement technique est surabondant, mais ce serait une erreur de tout lui sacrifier. J'ai le souci de promouvoir le renseignement humain, au même titre que le renseignement technique.

Nous coopérons avec les Russes de façon tout à fait concrète. Il est vrai qu'Abaaoud était un coordonnateur, mais pas le commanditaire. Nous connaissons le commanditaire, mais je resterai discret sur ce point. Nous avons maintenant une bonne connaissance de l'organigramme et de la façon dont s'organise le soi-disant État islamique, qui n'est pas un État, et qui est encore moins islamique. Nous avons bien progressé sur ces sujets, nous avons donc une idée de l'identité du commanditaire.

Même si le substrat chiite-sunnite alimente la guerre, il n'en est pas la cause. Il y a deux organisations terroristes rivales. L'une, Daech, a actuellement le vent en poupe, mais il ne faut pas négliger le réseau Al-Qaïda, qui reste dangereux, comme on le voit au Yémen, qui est présent en Syrie et, fortement, au Sahel. Al-Qaïda dans la péninsule arabique (AQPA) a même des velléités territoriales, puisque le groupe contrôlait quasiment Al Moukalla, dont il a été chassé – sans combattre – par la coalition arabe, avant de s'installer ailleurs. D'autres franchises d'Al-Qaïda ont la volonté d'établir des bases territoriales, mais cela ne s'est pas concrétisé pour le moment.

L'objectif de ces groupes est la guerre globale, l'établissement de la charia sur l'ensemble du monde. Ils cherchent à créer des clivages dans nos sociétés, et donc à déstabiliser la démocratie, qui est leur véritable ennemi. La France est particulièrement visée, pour deux raisons. Tout d'abord, elle est au combat, là où d'autres ont baissé les bras : elle lutte contre le terrorisme en Syrie, en Irak et ailleurs, dans la bande saharo-sahélienne ; elle a empêché le basculement du Mali et sans doute d'autres pays. C'est pour cela que nous sommes dans le peloton de tête des ennemis de cette organisation. L'autre raison est l'influence de la composante francophone, qui agit depuis la Syrie. Ce qui est vrai pour Daech l'est également pour AQPA.

Si vous regardez qui combat en Europe et qui ne combat pas, vous noterez que la France a une position plus engagée que d'autres. Les Américains sont engagés, on ne peut pas le nier, même si la période particulière qu'ils connaissent sur le plan intérieur a une influence sur leur diplomatie et la conduite de certaines affaires.

Nous comptons 600 Français combattant en Syrie pour les djihadistes. Mais il faut élargir ce chiffre pour y intégrer tous les francophones, tenir compte de ceux qui sont déjà revenus et de ceux qui voudraient bien partir.

Daech est une organisation relativement structurée, mais les groupes gardent une certaine autonomie. Nous avons assez bien identifié des katibat, avec des regroupements qui peuvent se faire par nationalité ou par affinité.

Un noyau était actif dès les années 1990, avec le Groupe islamiquearmé (GIA) algérien, le Groupe islamique combattant marocain (GICM) ou le Groupe islamique combattant en Libye (GICL). Des gens qui avaient combattu en Afghanistan jouaient un rôle assez important dans ces groupes. La nouvelle génération, qui part faire le jihad pour des raisons variées, est encadrée par ces personnes plus aguerries qui ont toute une histoire dans le jihad.

S'agissant de l'impression d'hégémonisme de l'Iran, elle tient aussi au fait que, en 2003, le renversement de situation en Irak a considérablement accru l'influence iranienne, au moment où les grands leaders traditionnels du monde arabe s'affaiblissaient : la Syrie est dans l'état que vous connaissez, nous venons de parler de l'Irak, et l'Égypte a connu une situation qui l'a marginalisée à un moment. La situation est donc non seulement due à l'Iran, mais aussi à de grands pays arabes.

Quand bien même Daech aura été vaincu sur le plan militaire, les services de renseignement savent que la menace subsistera pendant plusieurs années. Le nombre des individus concernés est significatif. N'oublions pas que, pendant toute la guerre d'Afghanistan, il n'y a eu que quelques dizaines – peut-être quarante – djihadistes français. Nous en sommes à plusieurs centaines de Français, auxquels il faut ajouter les francophones, les Tunisiens, les Marocains, et ceux que nous ne connaissons pas.

La question de la résilience de la société française se pose. Cela me rappelle les «années de plomb» qu'ont connues des pays tels que l'Italie, dans des conditions certes complètement différentes. Il faut que la France s'arme, moralement d'abord, pour pouvoir mener cette lutte de très longue haleine.»

L'avenir

Les orientations du combat militaire contre l'EI s'inscrivent dans le cadre d'une réforme plus large de la DGSE. Son patron, le diplomate Bernard Bajolet, 67 ans en mai, que François Hollande a prolongé à son poste jusqu'en 2017 au-delà de la limite d'âge, espère mettre en œuvre un «plan stratégique» à l'horizon 2025.

La réforme comprend une forte augmentation des effectifs (850 recrutements d'ici à 2019 pour atteindre 7000 agents), des partenariats avec les Européens, un renforcement du renseignement humain pour suivre l'explosion du renseignement technique acquis par les services secrets ces dernières années.

Face à l'EI, tous les moyens sont employés, et la France est également présente dans le ciel libyen avec des outils conventionnels sur lesquels le ministère de la défense ne communique pas. Engagées depuis la mi-novembre 2015 par des avions de chasse et de reconnaissance, les opérations d'ISR (intelligence, surveillance, reconnaissance) continuent. Des sources militaires évoquent la nécessité de «préparer l'avenir» pour d'éventuelles actions plus larges, même si cet horizon reste peu clair.

Pour l'heure, il s'agit de garantir au président la politique du hit and run (« frappe et fuis»): disposer d'un renseignement complet à jour, afin de pouvoir frapper dès que se présente l'opportunité de «neutraliser» un cadre connu de l'EI ou de casser un projet d'attentat menaçant la France

DGSI

Le diagnostic n'est pas établi par une poignée d'illuminés en mal de scénarios catastrophe mais par le patron de la Direction générale de la sécurité intérieure (DGSI), Patrick Calvar. «Nous sommes au bord d'une guerre civile», a-t-il déclaré récemment aux députés de la commission d'enquête parlementaire sur les attentats du 13 Novembre présidée par le député (LR) du Rhône Georges Fenech.

L'homme à la tête des services secrets ne faisait qu'enfoncer le clou. D'où viendrait l'étincelle qui mettrait le feu aux poudres, transformerait la France en territoire incontrôlé où des groupes prendraient les armes et se feraient justice eux-mêmes? Qui verrait une nation en décomposition où alterneraient violences et vengeances du camp d'en face. Rien n'est à exclure dans un pays aussi éruptif que la France d'aujourd'hui. Beaucoup pensent d'abord à un nouvel épisode de terrorisme islamiste où, cette fois, la population verserait dans l'autodéfense.

Mais l'élément déclencheur peut aussi surgir d'une manifestation débordée par les casseurs, tel le triste saccage de la façade de l'hôpital Necker, d'une razzia de hooligans, d'une expédition punitive dans les banlieues. Parmi toutes ces sources de dérapage, la plus redoutée reste l'attentat dirigé contre des enfants, la prise d'otages dans une école qui susciterait en retour un déferlement de violence.

Parmi les groupes extrémistes, le patron de la DGSI expliquait surveiller de très près «l'ultradroite». Cette mouvance aux multiples ramifications est très active sur les réseaux sociaux. «Ils ont la volonté de mettre le feu, c'est certain, mais passeront-ils à l'acte?», interroge l'avocat Nicolas Lerègle, spécialisé dans les domaines de la sécurité et de l'intelligence économique.

Plus généralement, tous les éléments sont réunis pour qu'un foyer éclate. Face aux menaces, la volonté de quadriller au mieux le terrain est toujours présente. Ainsi, au sein de la Défense, plusieurs voix plaident pour que les soldats de «Sentinelle» ne se contentent pas de patrouiller dans les rues mais exercent une mission de «contrôle de zone». En d'autres termes qu'ils fassent aussi du renseignement.

Avant l'Assemblée nationale, Patrick Calvar a déjà parlé en interne de la volonté d'action de ces groupes d'ultra-droite. Il craint qu'un nouvel attentat les réveille car il montrerait que les moyens de l'Etat ne suffisent plus. Avec la montée en puissance du risque islamiste, la DGSI avait orienté nos capteurs sur les djihadistes ces dernières années. L'ultra-droite, on s'en occupait moins.

Audition de Patrick Calvar (Assemblée Nationale, Mai 2016)

«L'Europe est en grand danger: les extrémismes montent partout et nous sommes, nous, services intérieurs, en train de déplacer des ressources pour nous intéresser à l'ultra-droite qui n'attend que la confrontation. Vous rappeliez que je tenais toujours un langage direct ; eh bien, cette confrontation, je pense qu'elle va avoir lieu. Encore un ou deux attentats et elle adviendra. Il nous appartient donc d'anticiper et de bloquer tous ces groupes qui voudraient, à un moment ou à un autre, déclencher des affrontements intercommunautaires.

La tentation des populismes, la fermeture des frontières, l'incapacité de l'Europe à donner une réponse commune, l'incapacité à adopter une législation applicable en tous lieux, nous posent d'énormes problèmes. Et je note, de plus en plus, une tendance au repli sur soi.

Avant d'en venir à l'état de la menace, je souhaite me faire le porte-parole des personnels que je dirige pour souligner qu'à chaque fois que se produit un attentat sur notre territoire, ils le vivent comme un échec alors que leur mission est d'empêcher qu'il ne soit commis. En revanche, certaines critiques non fondées leur font particulièrement mal – d'autant que l'engagement du service est particulièrement fort.

J'en viens à l'état de la menace. La France est aujourd'hui, clairement, le pays le plus menacé. Je vous rappelle qu'un des numéros de la revue francophone de Daech, Dar al Islam, titrait en une: «Qu'Allah maudisse la France». De leur côté, Al-Qaïda au Maghreb islamique (AQMI), en tant qu'organisation héritière du Groupe islamique armé (GIA) des années 1990, considère toujours la France comme l'ennemi numéro un et Al-Qaïda dans la péninsule arabique (AQPA) nous stigmatise de la même façon.

La menace est par conséquent, j'insiste, très forte ainsi que l'ont montré les attentats de janvier et de novembre 2015. Elle est très forte également hors du pays ainsi que nous avons pu le constater avec les attentats de Bamako, de Ouagadougou et, plus récemment, de Bassam, en Côte d'Ivoire.

J'évoquerai uniquement ici la menace intérieure même si, du fait de notre compétence judiciaire, nous sommes systématiquement saisis de toutes les actions terroristes commises à l'étranger dès lors qu'un ressortissant français en est victime. À ce titre nous sommes saisis des attentats perpétrés à Tunis, Bamako, Ouagadougou et Bassam.

Qui nous menace? D'abord les organisations, au premier rang desquelles Daech. L'autopsie des attaques du 13 novembre révèle qu'elles ont été planifiées en Syrie, menées par des individus qui combattaient dans ce pays, pour certains depuis de nombreuses années et donc totalement aguerris. D'autres y ont été entraînés. Elles ont été le fait d'un mélange de ressortissants français – soit partis de notre territoire, soit résidant à l'étranger, notamment en Belgique –, mais aussi belges et irakiens. Ils ont bénéficié d'une logistique particulièrement importante – passeurs, faussaires établis en particulier en Turquie –, et d'un accueil, d'un hébergement en Belgique, là où ils auraient pu se procurer les armes et les explosifs utilisés sur notre sol.

Je tiens à souligner le fait qu'il n'y avait aucune cellule logistique sur notre territoire, comme l'a notamment montré la fuite d'Abaaoud, qui n'a trouvé refuge qu'en appelant sa cousine à son secours – les travers de celle-ci la menant à sa perte.

Les routes utilisées ont été variées et nous en ignorons encore certaines – notamment pour ce qui concerne Abaaoud ou les ressortissants européens. En revanche nous savons que la filière des migrants a été utilisée et qu'au moins deux membres du commando sont ainsi entrés en Europe par l'île de Leros. Ils sont arrivés sur notre territoire la veille des attaques. Les véhicules ont été loués en Belgique et les appartements depuis la Belgique.

Le délai entre leur arrivée et les frappes a donc été très court. Quant à la volonté de mourir, elle était parfaitement exprimée, comme on a pu le constater, à l'exception de Salah Abdeslam qui a pu s'échapper et d'Abaaoud qui, lui, était vraisemblablement prévu pour accomplir d'autres actions.

Nous savons que Daech planifie de nouvelles attaques – en utilisant des combattants sur zone, en empruntant les mêmes routes qui facilitent l'accès à notre territoire – et que la France est clairement visée. Daech se trouve dans une situation qui l'amènera à essayer de frapper le plus rapidement possible et le plus fort possible: l'organisation rencontre des difficultés militaires sur le terrain et va donc vouloir faire diversion et se venger des frappes de la coalition.

Si les attentats de novembre dernier ont été perpétrés par des kamikazes et par des gens armés de kalachnikov ayant pour but de faire le maximum de victimes, nous risquons d'être confrontés à une nouvelle forme d'attaque: une campagne terroriste caractérisée par le dépôt d'engins explosifs dans des lieux où est rassemblée une foule importante, ce type d'action étant multiplié pour créer un climat de panique.

La problématique pour eux est double : il leur faut des artificiers de haut niveau et il faut qu'ils puissent constituer en France des cellules leur permettant de bénéficier de la logistique nécessaire – accueil, armes... Or l'un des problèmes pour nous est précisément leur capacité à se procurer des armes. Un des domaines où l'Europe continentale devrait considérablement progresser est la répression du trafic d'armes.

À la suite d'une fusillade survenue dans une école de Dunblane, en Écosse, les Britanniques ont adopté une législation des plus rigoureuses prévoyant des peines très sévères, dissuasives au point qu'il est pratiquement impossible, aujourd'hui, de se procurer des armes à feu au Royaume-Uni.

Daech dispose d'individus capables de passer à l'action. Les chiffres que je vais vous donner sont les nôtres et ne reflètent pas nécessairement la réalité – parce qu'il y a toujours un chiffre noir que nous ne connaissons pas.

Pas moins de 645 ressortissants français ou résidents en France sont présents dans la zone syro-irakienne. Parmi eux, nous comptons 245 femmes, qui ne participent pas aux combats, et 20 mineurs qui, au contraire, s'y livrent. Ils sont donc moins de 400 à participer à des opérations militaires.Par ailleurs, 201 individus sont en transit, soit à destination de la Syrie, soit de retour de Syrie pour la France. Nous recensons 173 Français présumés morts – chiffre sans doute inférieur à la réalité, mais il est très difficile d'obtenir des indications précises du fait des bombardements. Deux cent quarante-quatre personnes sont revenues de la zone syro-irakienne en France. Enfin, 818 personnes manifestent l'intention de se rendre sur place.

Nous n'en constatons pas moins une stagnation des départs : il est plus compliqué de se rendre dans la zone concernée et l'on compte beaucoup moins de volontaires car les bombardements ont un effet dissuasif. On assiste à l'inverse à davantage d'intentions de retour sur notre sol mais qui sont entravées par la politique de Daech qui, dès lors qu'ils souhaitent quitter la Syrie, considère les intéressés comme des traîtres à exécuter immédiatement.

Je souhaite maintenant vous faire part d'une réalité totalement inconnue ou en tout cas jamais soulignée: nous recensons quelque 400 enfants mineurs dans la zone considérée. Les deux tiers sont partis avec leurs parents, le tiers restant étant composé d'enfants nés sur place et qui ont donc moins de quatre ans. Je vous laisse imaginer les problèmes de légalité que posera leur retour avec leurs parents, s'ils reviennent, sans compter les réels problèmes de sécurité car ces enfants sont entraînés, instrumentalisés par Daech: une vidéo est sortie récemment, en français, qui les met en scène en tenue militaire.

Ces enfants sont ainsi conditionnés; il faut savoir également qu'ils s'entraînent aux armes à feu. Nous disposons de vidéos montrant des enfants qui exécutent des prisonniers; ainsi, sur l'une, on voit un Français de *onze ou douze ans – sans manifester aucune émotion – tirer une balle dans la tête d'un individu que Daech suppose être un agent des services israéliens. Il va donc falloir, j'insiste, s'occuper de ces enfants quand ils reviendront.*

Pour ce qui est de l'aspect judiciaire, pour la seule DGSI, nous recensons 261 dossiers concernant plus de 1000 individus. Nous avons procédé à plus de 350 interpellations. Au moment où je vous parle sept personnes sont gardées à vue. Chaque semaine nous interpellons des gens. Plus de 220 sont mises en examen, plus de 170 ont été écrouées et plus de 50 placées sous contrôle judiciaire. Enfin, depuis août 2013, mon service a bloqué 15 projets terroristes en France.

Nous ne prenons souvent en considération que les Français ou les personnes résidant en France. Or nous sommes désormais obligés de réfléchir dans le cadre plus large de la francophonie. En effet, de nombreux Nord-Africains se trouvent dans les zones considérées: beaucoup de Tunisiens, un peu moins de Marocains et d'Algériens. Ils ont la capacité de venir très facilement sur notre territoire et la plupart sont francophones – on l'a vu avec les Belges qui ont opéré en France.

Ils ont aujourd'hui un intérêt particulier à s'installer en Libye. Sachez qu'il y a quelques semaines, pour la première fois, nous avons interpellé trois individus qui partaient pour la Libye, ce qui signifie que des filières pourraient se mettre en place puisque pour cela il suffit qu'une personne s'y rende et fasse ensuite appel à ses amis. Actuellement, quelques Français se trouvent dans la zone libyenne. Un mouvement s'amorce, et il faudra compter avec ceux qui quitteront la Syrie pour la Libye plutôt que pour l'Europe.

Je me suis livré devant vous à l'autopsie des attaques du 13 novembre dernier pour vous montrer que, pour anticiper, nous devons absolument bénéficier de renseignements en amont. En outre, il convient de mentionner l'échelon européen: on a beaucoup parlé du système d'information Schengen (SIS), évoqué les frontières qui n'étaient pas contrôlées, les filières migratoires…

bref, on s'aperçoit que l'Europe marche sur un pied et que tout le monde ne fonctionne pas de la même façon, indépendamment des coopérations qui existent bel et bien – je m'inscris d'ailleurs en faux contre de nombreuses allégations: la coopération est en effet totale entre les services de sécurité et les services de renseignement et les informations circulent entre eux de façon très fluide malgré, j'insiste, des systèmes législatifs complètement différents.

Le SIS est un fichier de signalisation dans lequel la DGSI a inscrit quelque

9000 noms alors que certains de nos partenaires ne l'enrichissent pas faute de pouvoir le faire pour la plupart.

Je prendrai un exemple très révélateur. L'individu qui voulait s'en prendre aux passagers du Thalys, vivait à Algésiras. Nous recevons un jour, de nos amis espagnols, l'information selon laquelle l'intéressé, qui tient des propos particulièrement virulents sans toutefois présenter, à l'époque, de dangerosité avérée, va s'installer en France. Nous effectuons des recherches et ne retrouvons pas sa trace. Il devait théoriquement être employé par la société Lycamobile mais, ne possédant pas les documents qui lui auraient permis d'y occuper un poste, il n'y est resté que quelques semaines.

Nous créons une fiche S – je rappelle qu'une fiche S est un moyen d'enquête, ni plus ni moins qu'un indicateur parmi d'autres pour se faire une idée du potentiel et de la personnalité d'un individu que nous souhaitons surveiller; aussi quand on évoque les fiches S1, S2, S3, S4… on ne renvoie qu'à des conduites à adopter et non à des degrés de dangerosité. Un an plus tard, nos collègues allemands nous signalent que l'individu en question vient d'être contrôlé à l'aéroport de Berlin, sur le point d'embarquer pour Istanbul – fait qui donne une coloration différente à la personnalité de l'intéressé.

Nous informons les Espagnols qu'il se trouve en Allemagne et se rend en Turquie. Ils nous répondent qu'ils sont au courant mais que, depuis, il s'est installé en Belgique. Comme le font les Espagnols, nous informons donc les Belges. Nous perdons dès lors sa trace puisque nous n'avons plus aucune raison de nous en occuper: il ne se trouve pas sur le sol français. C'est depuis Bruxelles qu'il montera dans le Thalys et qu'il tentera de tuer le maximum de personnes au cours de l'action que vous savez. Une polémique s'ensuivra aux termes de laquelle on fera valoir que le service intérieur français connaissait l'intéressé et le surveillait.

Pour ce qui concerne les coopérations, je commencerai par l'échelon national qui recouvre tous les services de la communauté du renseignement. J'ai l'habitude de décrire le renseignement comme une chaîne où chaque maillon, en complémentarité et en coordination avec les autres, accomplit sa mission. Il n'y a donc pas, pour nous, de services nobles et de services qui ne le seraient pas, mais seulement des services spécialisés disposant de moyens que n'ont pas nécessairement les autres. Nous entretenons une relation très étroite avec la direction générale de la sécurité extérieure (DGSE), avec laquelle nous coopérons au quotidien. Nous avons atteint un niveau de coopération jamais égalé.

Sur le plan international la coopération est très forte. Nous nous reposons bien sûr sur les grands services et force est de constater que les plus gros pourvoyeurs de renseignement sont les services américains. Mais nous coopérons également avec les services russes. Quelque 7 à 8% des individus concernés par les filières syro-irakiennes étant des Tchétchènes, il est bien évident que nous travaillons avec le Service fédéral de sécurité de la Fédération de Russie (FSB) et que nous cherchons avec lui tous les moyens d'identifier les individus en question, de connaître les actions qu'ils ont l'intention de commettre, et les réseaux auxquels ils sont susceptibles d'appartenir.

Reste que nous nous heurtons à un problème bien connu et qui va grandissant: celui du chiffrement. Sans trahir le secret de l'instruction, à travers les investigations opérées à la suite des attentats de Bruxelles, nous nous sommes rendu compte que nous avions affaire à des structures très organisées, très hiérarchisées, militarisées, composées d'individus communiquant avec leur centre de commandement, demandant des instructions sur les actions à mener et, le cas échéant, des conseils techniques.

Cette communication est, je le répète, permanente et aucune interception n'a été réalisée; or même une interception n'aurait pas permis de mettre au jour les projets envisagés puisque les communications étaient chiffrées sans que personne soit capable de casser le chiffrement. Je rappellerai pour mémoire le conflit ayant opposé Apple et le Federal Bureau of Investigation (FBI); quand on connaît la puissance de ce dernier, on voit bien que nous sommes confrontés à un problème majeur qui dépasse largement le cadre des frontières nationales.

J'entends par ailleurs démythifier tout ce qu'on dit en permanence sur le renseignement technique et le renseignement humain, car cette distinction ne signifie rien. Voilà trente-neuf ans que j'exerce ce métier: il y a le renseignement et ensuite les méthodes par lesquelles on peut l'obtenir, l'essentiel étant de l'obtenir. On ne peut toutefois faire abstraction de l'évolution du secteur numérique. Nous sommes bien obligés d'en tenir compte d'autant qu'en face de nous les gens sont très professionnels.

Pour finir avec Daech, nous aurons à nous occuper des vétérans. Nul doute que nous gagnerons le conflit, du moins avec l'organisation telle qu'elle existe –mais le problème – parce que politique – ne sera pas réglé pour autant. Pour assurer notre sécurité, nous devrons nous occuper des vétérans. Nous avons connu le phénomène des vétérans d'Afghanistan qui a donné le GIA en Algérie et les attentats de 1995 en France. Il ne faudra pas perdre de vue que parmi les futurs vétérans il y aura des terroristes très aguerris mais aussi des gens relevant d'ores et déjà de la psychiatrie et dont nous ne savons pas ce qu'ils vont devenir.

La deuxième organisation qui nous menace est Al-Qaïda. AQMI se manifeste surtout au Sahel et ailleurs en Afrique mais, à l'exemple du GIA en 1995, n'exclut pas un jour d'exporter la violence. Là aussi, les facilités de communication et de voyage entre l'Afrique du Nord et la France poseront des problèmes. AQPA, de son côté, a revendiqué l'action des frères Kouachi même si le lien paraît tout de même très lointain puisque l'un d'eux s'était entraîné au Yémen en 2011.

Al-Qaïda a besoin de redorer son blason. Cette organisation a pratiquement disparu de la scène islamiste et voudra, à un moment ou à un autre, tenter une action d'envergure à même de lui redonner une importance telle qu'elle puisse recruter à nouveau. Reste que de nombreux Français se trouvent au sein du Jabhat al-Nosra (Front al-Nosra). Il est difficile de savoir combien ils sont exactement et à quelle organisation ils appartiennent mais il faudra là aussi que nous nous occupions d'eux à leur retour.

Certains groupes, au sein d'Al-Qaïda, sont préparés pour des actions extérieures, planifiées à long terme et qui se veulent d'une telle ampleur qu'elles ne peuvent pas se réaliser de façon très rapide.

Outre les organisations, nous avons une autre source d'inquiétude: des appels sont lancés depuis la Syrie par des gens à certains de leurs amis qui se trouvent sur notre territoire afin qu'ils y commettent des actions. Nombre des réseaux que nous avons démantelés appartiennent à cette catégorie-là. Nous sommes également confrontés à la présence d'islamistes, sur notre territoire, et qui ne sont liés à aucune organisation.

Je rappelle également que la revue en anglais d'AQPA, Inspire, enjoignait à ses partisans de ne pas se rendre sur place mais de frapper depuis l'endroit où ils se trouvaient en utilisant tous les moyens à leur disposition.

Les velléitaires constituent notre troisième source d'inquiétude, à savoir ceux qui auraient bien aimé partir pour la Syrie et qui, pour diverses raisons, n'ont pu le faire. Dans ce cas, nous sommes confrontés à la propagande massive de Daech et à la capacité de bloquer les messages sur internet. Je classerai dans cette catégorie des gens contre lesquels il est très difficile d'agir: tous ceux qui relèvent de la psychiatrie, des instables psychologiques. Pour finir, la question relative à la menace n'est pas de savoir «si», mais «quand» et «où».

Profond mal-être

I faut tâcher de comprendre à qui nous avons affaire. Nous constatons chez la plupart de ceux que nous arrêtons un profond mal-être; or la seule idéologie qui leur donne une raison d'exister en ce bas monde est *l'extrémisme religieux. Je passe sur le désir d'aventure, de violence, de vivre dans un autre monde. Reste qu'ils détestent notre société: «Nous aimons la mort comme vous aimez la vie.» C'est très frappant.*

Je l'ai dit en d'autres lieux: je ne m'explique pas comment une fille de quinze ans quitte la France pour se rendre en Syrie vivre dans des conditions abominables; je ne m'explique pas comment un gamin que rien n'y prédispose, va poignarder un enseignant juif au seul motif, je le répète, de détester cette société. Aussi, si l'on se limite à une réponse sécuritaire, on se trompe.

Or une opération terroriste ne coûte quasiment rien: louer une voiture, un appartement, acheter des armes, vivre au quotidien… Nous avions saisi la comptabilité de la campagne terroriste de 1995: elle a coûté au total 150000 francs – depuis l'assassinat de l'imam Sahraoui jusqu'au démantèlement du réseau. Beaucoup sont issus du milieu de la délinquance donc ils ont les contacts nécessaires et savent commettre des vols, au besoin, pour se financer.

Banlieues

Il y a trente ans ou plus, on a fermé les yeux sur les premiers incidents survenus dans les banlieues. Cela a abouti à ce que les zones concernées soient dirigées par de petits caïds – il s'agissait de délinquance et elle n'affectait pas le consensus social. Aujourd'hui nous nous trouvons dans une situation de «conscientisation» d'une partie d'entre eux. Comment expliquer qu'un voyou qui, toute sa vie, n'a eu pour idée que de voler son voisin pour pouvoir jouir de l'existence, va tout à coup basculer dans un extrémisme morbide puisqu'il va l'amener au sacrifice de sa vie.

C'est pourquoi j'estime que si l'on ne raisonne qu'en termes de sécurité, on va dans le mur. La sécurité est en effet une sorte de SAMU: or un SAMU a pour mission de vous conduire vivant à l'hôpital mais pas de vous soigner.

Pour être franc avec vous: je crains cent fois plus la radicalisation que le terrorisme. Avec le terrorisme, nous prendrons des coups mais nous saurons faire face – *nous avons connu des événements très graves tout au long de l'histoire; mais cette radicalisation rampante qui va bouleverser les équilibres profonds de la société est à mes yeux beaucoup plus grave.*

Les terroristes sont issus du milieu du banditisme. Cette porosité entre terrorisme et banditisme ne concerne pas la finalité, les objectifs, mais traduit le fait que des individus ont grandi ensemble dans les mêmes quartiers, ont parfois été incarcérés ensemble, et ont de ce fait développé une certaine forme de complicité.

Sans prévention nous n'y arriverons pas. Cependant, les individus en question sont largement inaccessibles au discours. Les gamins se «shootent» aux vidéos de Daech. J'aurais pu, pour cette audition, apporter et projeter une de ces vidéos, par exemple «Tends ta main pour l'allégeance». Leur capacité d'attraction est extraordinaire. Face à cela, nous disons à ces gamins d'aller à la mosquée, alors qu'ils ne comprennent pas tout ce qu'ils y entendent, ne connaissant souvent rien à l'islam et au Coran. Le décalage est très grand. Il faut trouver des gens qui soient crédibles auprès d'eux. C'est difficile avec les repentis car, pour eux, un repenti est un traître.

DGSI

Pour ce qui est de la DGSI, sa création a répondu à l'impérieuse nécessité de disposer en France d'un véritable service de sécurité intérieure, pendant naturel de la DGSE à l'extérieur, à l'image de ce qui existe chez nos principaux partenaires étrangers avec lesquels nous coopérons. De fait, il convenait que ce nouveau service puisse se voir assigner des missions très précises – pour éviter de nous heurter à certains écueils comme par le passé –, au service des intérêts fondamentaux de notre pays, avec des pouvoirs précisément décrits et contrôlés, le vote de la loi relative au renseignement en ayant constitué l'aboutissement.

Parmi les missions cardinales de la DGSI, la lutte contre le terrorisme occupe, bien sûr, une place prépondérante, mais on ne saurait méconnaître les autres formes de menaces qui visent la France et ses intérêts, comme l'espionnage – mal endémique, insensible, mais ô combien dévastateur dans un monde où les grandes puissances se livrent à une lutte acharnée pour préserver leur leadership sur les plans politique, économique, militaire, industriel.

Découlent de cette mission non seulement la protection de nos intérêts économiques dans un univers particulièrement concurrentiel, mais aussi la lutte contre les proliférations ou encore la cyberdéfense, les cyber-attaques représentant un nouveau péril qui ne cesse de prendre de l'ampleur; bref, tout ce dont l'État a besoin pour protéger les intérêts fondamentaux de la nation.

Pour ce qui concerne ses moyens, la DGSI compte aujourd'hui plus de 3000 agents, dont 73% de fonctionnaires actifs de la police nationale, 16% de fonctionnaires administratifs et 10% de contractuels.

Ces chiffres tiennent compte des recrutements déjà réalisés depuis la mise en œuvre des trois plans de recrutement décidés par le Gouvernement, sachant qu'à terme, en 2018, avec l'achèvement de ces plans, l'effectif total de la DGSI sera de plus de 4000 agents, à raison de 68% de fonctionnaires actifs de la police nationale, 14% de fonctionnaires administratifs et 17% de contractuels.

Autrement dit, la croissance en effectifs, sur une période de cinq ans, sera de près de 40%. Aussi, je vous laisse imaginer les difficultés auxquelles nous sommes confrontés en matière de recrutement, de formation, de professionnalisation et de fidélisation.

Cela suppose également une définition précise, dans le cadre d'un plan stratégique de montée en puissance, de nos besoins, une mise en place de parcours de carrière; en quelques mots, cela implique une gestion très fine de nos moyens humains, sans compter le défi majeur qui consiste à faire travailler ensemble des personnels venus d'horizons divers et pour certains à forte culture professionnelle.

Les defis

Le premier est technique: on ne peut désormais faire abstraction de l'avènement du numérique et de ses conséquences profondes sur nos modes d'enquête; nous avons donc recruté et continuons de recruter des ingénieurs et des techniciens; j'y reviendrai en évoquant la lutte contre le terrorisme.

Le défi analytique, ensuite: la complexité des problèmes et menaces traités nous impose de recourir à des personnels non issus de la police nationale mais spécialisés dans l'économie, la finance, voire dans d'autres domaines plus opérationnels, tels que des psychologues ou des linguistes.

Le dernier défi est juridique: la loi relative au renseignement, outil indispensable à notre action et qui la légitime, nous a amenés à former plus de 2500fonctionnaires à sa mise en œuvre.

Dernier point: nous avons une couverture nationale et sommes présents dans soixante-dix-neuf départements ainsi qu'en outre-mer. Nous disposons enfin de représentations à l'étranger où nos officiers ont pour seule mission d'assurer la coopération avec les services de renseignement et de sécurité locaux.

Plus de deux tiers de nos capacités sont consacrées à la lutte contre le terrorisme. À cet effet, sont mobilisés: la sous-direction parisienne spécialisée en la matière, l'ensemble des fonctionnaires de nos implantations *territoriales, nos capacités de surveillance physique et technique, sans oublier notre sous-direction judiciaire et ses antennes provinciales.*

FSPRT

C'est par un décret datant du 5 mars 2015 que le FSPRT a été créé. Comme le précise le document, il s'agit d'un "traitement automatisé de données à caractère personnel". Son objectif est alors d'y inscrire les radicalisés. "Ceux qui nous intéressent", précise le préfet Olivier de Mazières à l'hebdomadaire, sont ceux qui sont "potentiellement violents".

Le fichier contient plusieurs éléments dont l'identité de la personne repérée, sa localisation, sa situation judiciaire, voire psychiatrique, mais pas seulement. Le document signale également des éventuels liens avec d'autres radicalisés et les différents rendez-vous qu'ils ont pu avoir.

Ils sont environ 15.000 à faire partie du fichier des signalements pour la prévention et la radicalisation à caractère terroriste (FSPRT). Malgré ses similitudes avec la fiche S, il entretient malgré tout quelques différences.

Si 15.000 apparaissent dans le FSPRT, 20.000 environ font l'objet d'une fiche S. Mais ces derniers ne sont pas tous des personnes radicalisées, puisqu'il est également possible d'y trouver des hooligans ou encore des manifestants particulièrement actifs.

On y trouve aussi bien un homme signalé par son employeur parce qu'il ne veut plus serrer la main des femmes, une mineure récemment convertie à l'islam radical ou un homme en lien avec le groupe Etat islamique se disant prêt à passer à l'acte.

Figurent aussi ceux partis ou soupçonnés d'être en zone irako-syrienne. Une fois entrée dans le fichier, la personne peut être fichée pendant 5 ans. Toute l'échelle de la radicalisation y est représenté. On estime à environ 500 le nombre d'individus en cours d'évaluation et à 2.500 le nombre de signalés qui ne nécessitent qu'une simple veille.

Ce fichier est alimenté à part égale par les services antiterroristes, les états-majors de sécurité (EMS) dans les départements et par l'exploitation des appels au numéro vert de la plateforme de signalement, lancée en avril 2014. Un appel sur dix au numéro vert donne lieu à un signalement.

Le FSPRT est mis à jour au fur et à mesure des vérifications. Près de 1.200 noms ont été retirés et plusieurs centaines de fiches sont soit en veille soit clôturées.

Ce fichier, à diffusion restreinte, contient les données personnelles des individus repérés et leurs liens avec d'éventuels autres suspects.La majorité des cas concerne des hommes de 18 à 25 ans issus des quartiers périphériques des grandes villes. Près de 20% d'entre eux ont un casier judiciaire. Si la majorité a un niveau d'études générales assez faible, toutes les catégories socio-professionnelles sont représentées.

Les plus âgés avoisinent la quarantaine et le plus jeune a 11 ans. A la mi-septembre, 1.954 mineurs étaient inscrits au fichier (18% du total) dont une majorité de femmes.

Plusieurs centaines de fiches concernent des personnes qui exercent des professions sensibles ou ont accès à des publics sensibles, avait indiqué en mai devant la commission parlementaire sur les attentats Olivier de Mazières, chargé de l'Etat-major opérationnel de prévention du terrorisme (EMOPT). Plusieurs dizaines ont déjà fait l'objet de mesures d'entrave avec par exemple un retrait d'agrément, de carte professionnelle ou d'accès.

Si aucun département n'est épargné, la majorité des individus concernés sont concentrés dans quatre régions: l'Ile-de-France, Languedoc-Roussillon-Midi-Pyrénées, Auvergne-Rhône-Alpes et Provence-Alpes-Côte d'Azur.

Tous les "fichés S" (pour Sûreté de l'état) ne sont pas inscrits au FSPRT, et inversement. Et pour cause, ils ne sont pas tous liés à l'islamisme radical. La fiche S est un outil de police servant notamment à repérer un individu lorsqu'il tente de passer les frontières. Elle ne justifie pas à elle seule l'inscription au FSPRT. Il faut qu'il y ait d'autres facteurs aggravants, indiquant une radicalisation ou une volonté de passer à l'acte.

La fiche S est une balise et non un indice ou une preuve de culpabilité. Ainsi, transmettre les noms des fichés S de leurs communes aux maires, comme certains le demandent ne serait pas forcément pertinent et actuellement impossible en l'état de la loi.

"Le FSPRT est le moyen pour nous de discuter en permanence avec nos collègues des autres services pour évaluer les cas dont nous n'aurions pas décelé la dangerosité", avait expliqué le patron du renseignement intérieur Patrick Calvar, devant la commission d'enquête parlementaire sur les attentats.

Selon une source policière, 4.000 fichés au FSPRT, considérés comme les plus dangereux, sont suivis par la Direction générale de la Sécurité intérieure (DGSI) et plus de 5.000 par le Service central du renseignement territorial (SCRT).

Les personnes qui présentent les signaux les plus faibles relèvent des préfectures et font l'objet d'un traitement social ou para-social dans le cadre des cellules de prévention.

Les maires

Certains maires, de droite comme de gauche, en avaient fait la demande. Mais Bernard Cazeneuve exclut de leur transmettre les noms des fichés S (pour "sûreté de l'État") de leur commune, comme il l'expliquer dans un entretien au *JDD*.

Pour justifier cette décision, le ministre de l'Intérieur invoque la nécessité de la confidentialité pour les enquêtes, qui ont permis l'arrestation de 355 personnes en lien avec des réseaux terroristes. Il met également en avant des raisons juridiques qui empêchent la communication d'une fiche S, expliquant que les fichés S "*sont surveillés et non judiciarisés, ce qui indique que leur dangerosité n'est pas avérée*".

Les djihadistes francophones

Abaaoud

Né en 1987 dans la commune bruxelloise de Molenbeek, il se faisait appeler Abou Omar Soussi, du nom de la région du sud-ouest du Maroc dont sa famille est originaire, ou Abou Omar al-Baljiki (Abou Omar "le Belge").

Abdelhamid Abaaoud connaissait Salah Abdeslam, le suspect-clé dans ces attaques, qui a de fortes attaches lui aussi à Molenbeek ainsi que son frère Brahim, qui s'est fait exploser dans l'Est parisien. Tous trois apparaissent dans des dossiers criminels de droit commun en Belgique.

"C'était un petit con", harcelant ses condisciples et ses professeurs ou volant des portefeuilles, a raconté un ex-camarade de classe. Le "petit con" était dans le viseur des enquêteurs français et belges, qui voient en lui l'organisateur présumé des tueries de Paris qui ont fait vendredi 129 morts et 352 blessés et ont été revendiquées par Daesh.

"Abou Omar al-Baljiki" avait déjà fait la une des journaux belges début 2014 après avoir emmené en Syrie son petit frère Younes, 13 ans, surnommé "le plus jeune jihadiste du monde" par certains médias.

Il aurait rejoint d'autres combattants belges, rassemblés dans une brigade d'élite de Daesh. Il apparaît, fine barbe et bonnet de style afghan sur la tête, dans une vidéo de Daesh où il se vante de commettre des atrocités, s'adressant goguenard à la caméra au volant d'un véhicule qui tire des cadavres mutilés vers une fosse commune.

Abaaoud avait été envoyé par son père, commerçant, dans un collège chic de la commune résidentielle d'Uccle, dans le sud de Bruxelles.

"Nous avions une belle vie, oui, même une vie fantastique ici. Abdelhamid n'était pas un enfant difficile et c'était devenu un bon commerçant. Mais tout à coup, il est parti pour la Syrie. Je me suis demandé tous les jours pour quelle raison il s'est radicalisé à ce point. Je n'ai jamais reçu de réponse", avait déclaré en janvier son père, Omar Abaaoud. « Abdelhamid a jeté la honte sur notre famille. Nos vies sont détruites", avait réagi son père : "Pourquoi, au nom de Dieu, voudrait-il tuer des Belges innocents ? Notre famille doit tout à ce pays", avait expliqué Omar Abaaoud, dont la famille est arrivée en Belgique il y a 40 ans, en ajoutant qu'il ne "pardonnerait jamais" à Abdelhamid d'avoir "embrigadé" son jeune frère Younes.

Le plus connu des quelque 500 Belges partis combattre en Syrie ou en Irak est surtout lié à la "cellule de Verviers. Le 15 janvier, une semaine après les attentats de janvier à Paris, la police belge avait donné l'assaut dans une maison de cette ville de l'est de la Belgique, tuant deux de ses occupants, qui selon les enquêteurs s'apprêtaient à cibler les forces de l'ordre.

Abaaoud n'était pas sur place. Mais début février, il revendique avoir "planifié" ces attentats déjoués de justesse dans une interview que lui attribue Dabiq, le magazine de Daesh. Selon la presse belge, Abaaoud avait été localisé en Grèce, d'où il communiquait avec les deux jihadistes tués à Verviers. Un coup de filet à Athènes n'avait pu réussir à l'arrêter.

En juillet, Abdelhamid Abaaoud a été condamné à Bruxelles, en son absence, à 20 ans de prison dans un procès sur les filières de recrutement de jihadistes belges pour la Syrie.

Une source policière a par ailleurs confié que ce «donneur» d'ordre est sans nul doute celui qui a téléguidé le Marocain Ayoub El Khazzani lors de l'attaque avortée du Thalys, le 21 août dernier, mais aussi Sid Amed Ghlam, quand il a voulu décimer une église de Villejuif en avril dernier.

Si les profils des protagonistes varient, tous sont tombés assez jeunes, a priori sans grand bruit, dans la centrifugeuse de l'islam radical avant de se jouer des mailles pourtant resserrées des services antiterroristes. Au moins trois d'entre eux sont partis dans des camps d'entraînement de Daech qui a achevé de les métamorphoser en de redoutables machines à tuer. Analystes et experts du renseignement l'assurent: la cristallisation radicale se produit en un temps record.

Rachid Kassim

Il vit en Syrie ou en Irak, mais c'est en France qu'il fait parler de lui. Rachid Kassim est soupçonné d'être derrière plusieurs attentats ou tentatives d'attentats sur le sol français. Membre de l'organisation Etat islamique, il incite sur internet des aspirants terroristes à passer l'acte.

Via internet ou la messager Telegram, il a été en contact avec des personnes impliquées dans ces affaires. Parmi ses adeptes figurait notamment Larossi Abballa, abattu après avoir assassiné un policier et sa compagne, le 13 juin, à Magnanville. "*Abballa faisait partie de son groupe Telegram, et Kassim a eu une véritable influence dans cette affaire*", assure à l'AFP une source proche de l'enquête.

Son nom réapparaît quelques semaines plus tard, quand les enquêteurs ont découvert des conversations sur la messagerie chiffrée Telegram entre Rachid Kassim et les assassins du prêtre Jacques Hamel dans l'église de Saint-Etienne-du-Rouvray (Seine-Maritime), le 26 juillet. Rachid Kassim est suspecté d'avoir exercé au minimum une influence virtuelle dans le passage à l'acte" des deux jeunes tueurs. Il serait également l'auteur de l'enregistrement audio d'Adel Kermiche diffusé une semaine après la tuerie de l'église sur Telegram. Le jihadiste serait donc devenu le nouvel administrateur du groupe de discussion d'Adel Kermiche qui, dans ce cas, lui aurait transmis ses codes d'accès avant de mourir sous les balles des policiers.

Il est à nouveau cité dans l'affaire des bonbonnes de gaz dans une voiture abandonnée à côté de Notre-Dame, à Paris. Le ministre de l'Intérieur évoque des femmes "fanatisées, radicalisées" et téléguidées depuis la Syrie. Selon une source proche de l'enquête, "*des éléments ont étayé qu'il avait été en contact via Telegram avec l'une des protagonistes*". Le procureur François Molins a précisé, lors d'une conférence de presse, que l'une des trois femmes a été successivement la promise de Larossi Abballa, d'Adel Kermiche et enfin d'un autre homme arrêté en même temps qu'elle. Selon un "proche de l'affaire" dans Le Parisien, "toutes les jeunes femmes arrêtées à Boussy-Saint-Antoine (Essonne) étaient plus ou moins en contact avec ce jihadiste, via internet ou la messagerie Telegram. Cet homme est depuis un moment dans le collimateur des services de renseignement".

Dernière affaire, l'arrestation, samedi 10 septembre, d'un adolescent de 15 ans, dans le 12e arrondissement de Paris. Selon Le Parisien, il a reconnu au cours de sa garde à vue "avoir voulu mourir en martyr après avoir tué tout un tas de kouffars [mécréants]" à l'arme blanche. Une source proche de l'enquête indique à l'AFP que le mineur était en contact via Telegram avec Rachid Kassim.

Animateur Social

Agé de 29 ans, Rachid Kassim est originaire de Roanne (Loire) où il a été animateur social. D'après Le Parisien, il était "*chargé d'accompagner les enfants d'un centre social à la cantine*". Ancien amateur de rap, ayant pratiqué le karaté, il quitte la France avec sa famille pour l'Égypte en 2012 avant d'arriver en zone irako-syrienne.

"*Avant son départ, ses proches l'avaient vu changer, au retour d'un séjour en Algérie. Transformé et obnubilé par le Coran, il se crée des inimitiés jusque dans les mosquées, où ses discours extrémistes gênent les fidèles*", écrit Le Dauphiné Libéré. "*A l'époque, des frères se sont mobilisés dès qu'ils ont senti une dérive dans ses paroles. Ils l'ont emmené à des séminaires. Il a prétendu qu'il était repenti et avait compris ses erreurs*", se remémore un membre d'une association locale, interrogé par L'Express.

Le 20 juillet, une semaine après l'attaque de Nice, il apparaît à visage découvert dans une vidéo tournée dans la zone irako-syrienne, dans laquelle il félicite le terroriste Mohamed Lahouaiej Bouhlel, pour l'attentat de Nice. Il décapite ensuite un otage soupçonné d'espionnage.

Connu des services antiterroristes, Rachid Kassim est très actif sur les réseaux sociaux, où il utilise son nom ou son prénom. Il a animé une page Facebook où il diffuse des messages ultraviolents. Sa chaîne Telegram serait suivie par 200 à 300 personnes, selon les sources.

Sur Telegram, il a communiqué une liste d'une dizaine de personnalités désignées comme des cibles à exécuter, selon Le Point qui affirme que "*les autorités françaises pensent que Rachid Kassim pourrait être l'inspirateur d'une dizaine d'actes terroristes ou tentatives d'attaques (...). Son nom a été cité par une adolescente de Melun, arrêtée en août alors qu'elle se préparait à commettre un attentat. Rachid Kassim semble également avoir encouragé la jeune majeure écrouée, le 10 août, à Clermont-Ferrand pour avoir posté sur les réseaux sociaux des messages inquiétants laissant craindre un possible passage à l'acte."*

Dans ses messages, il donne des consignes et des conseils pour mener un "jihad de proximité". Les modalités de l'attaque à la voiture piégée correspondent à la lettre aux consignes que Rachid Kassim dispense. Pour Saint-Etienne-du-Rouvray, il aurait joué un rôle d'intermédiaire. Selon les enquêteurs cités par l'AFP, "c'est lui qui a mis en contact les deux tueurs et donné les consignes".

Emni

Au sein de Daech, une cellule secrète - l'Emni, placée sous le commandement du porte-parole et chef de la propagande de l'Etat islamique, Abu Muhammad al-Adnani - serait derrière la planification de plusieurs attentats récents. Ceux de Sousse en Tunisie, de l'aéroport de Bruxelles ou encore du 13 novembre à Paris. L'Emni agirait clandestinement, en Syrie et surtout à l'étranger, où elle encadrerait via des intermédiaires les volontaires au martyr.

Souvent qualifiés de loups solitaires, les jeunes djihadistes passés à l'acte en France et ailleurs dans le monde pourraient en réalité être bien moins isolés que ce que n'ont jusqu'ici envisagé les autorités. Ces soldats de Daech pourraient en réalité appartenir ou avoir été approchés par une branche secrète de l'organisation terroriste, l'Emni, spécialisée (entre autres) dans les opérations extérieures.

Le coordinateur présumé de l'épopée sanglante parisienne, Abdelhamid Abaaoud a notamment été une "figure clef " de l'Emni, d'après le témoignage d'un combattant français. Mais c'est surtout un ex-djihadiste incarcéré en Allemagne, un certain Harry Sarfo, qui détaille le fonctionnement de la cellule et sa force de frappe.

Pour lui, l'Emni a d'ores et déjà envoyé "des centaines" de recrues en Europe, potentiellement prêtes à agir et à frapper simultanément plusieurs pays, dont la France, l'Allemagne et le Royaume-Uni. Des "centaines" d'autres combattants attendraient en Turquie. Il le sait car, lors de son arrivée en Syrie, on lui aurait demandé de retourner en Allemagne. Il y manque "*des volontaires disposés à faire le job*", lui aurait-on dit en substance.

Les renseignements français, autrichiens et belges ont repéré 28 membres de l'Emni parmi les terroristes déjà identifiés. Une trentaine d'hommes est ainsi parvenue avec succès à quitter la Syrie sans se faire remarquer et à passer à l'acte, en étant toutefois pour certains arrêtés à temps.

Plus inquiétant, le mode de recrutement au sein de l'Emni (par nationalité ou langues parlées), rend très difficile les surveillances, pour au moins deux raisons. Placés en petites unités, les membres de l'Emni mandatés pour commettre un attentat à plusieurs dans un pays de l'Europe se rencontrent parfois seulement la veille de leur départ. Pour ceux qui agissent seul, le schéma est encore plus élaboré, explique en prison le djihadiste allemand repenti, Harry Sarfo.

Pour ceux là, les "loups solitaires", l'Emni aurait recours à des intermédiaires soigneusement choisis, de préférence récemment convertis au djihad voire à l'islam, sans liens connus avec des groupes terroristes. Ces hommes, qu'Harry Sarfo appellent les "clean men", des agents "propres", seraient chargés de faire le lien entre les candidats au martyr et les opérationnels de Daech, ceux qui pourront ensuite faire parvenir le mode d'emploi d'un gilet explosif par exemple ou diffuser a posteriori la vidéo de revendication une fois l'attentat perpétré.

Devenu un rouage "crucial" de la machine à tuer de l'Etat islamique, l'Emni aurait déjà investi l'Autriche, l'Allemagne, l'Espagne, le Liban, la Tunisie, le Bangladesh, l'Indonésie etc. mais aurait du mal à s'implanter aux Etats-Unis, malgré un commandement multiple, et plusieurs lieutenants chargés de couvrir différentes zones de la planète à travers des services distincts, comme le service "Asie", le service "Européen" ou encore celui dédié au "Monde arabe. "

En France, à en croire les membres de Daech rencontrés par l'ex-combattant Harry Sarfo, les volontaires ne manque pas. Au contraire. *"Mon ami leur a demandé ce qu'il en était de la France et ils ont commencé à rire. Mais à rire sérieusement, avec des larmes aux yeux »...* Ils ont répondu: *"Ne t'inquiète pas pour la France 'Mafi mushkilah'".* En arabe cela signifie "no problem." Cette conversation a eu lieu en avril 2015. Quelques mois à peine avant le 13 novembre...

Les enquêteurs ne savent pas encore ce que signifie leur découverte. Après le double meurtre d'un couple de policiers, lundi 13 juin à Magnanville dans les Yvelines - attentat revendiqué au nom de Daech par l'un des disciples parisiens du groupe terroriste, Larossi Abballa, 25 ans - plusieurs arrestations ont été opérées dans l'entourage du tueur présumé.

Parmi elles, celle de Saâd Rajraji, un jeune de 27 ans condamné avec Larossi Abballa en 2013 dans une filière d'acheminement de djihadistes au Pakistan. Placé en détention provisoire et mis en examen cinq jours après les faits, aux côtés d'un autre membre de la filière (Charaf-Din Aberouz, 29 ans),

Saâd Rajraji est soupçonné de s'être rendu complice de la tuerie.

A son domicile, perquisitionné pour les besoins de l'enquête, a été retrouvé selon les informations de BFMTV "un bout de papier" sur lequel est inscrite l'adresse mail d'un vétéran du djihad, Fabien Clain. Un nom bien connu des services antiterroristes puisque ce proche du clan Merah s'est notamment illustré, au lendemain des attentats du 13 novembre, pour avoir revendiqué dans un message audio le carnage de Paris.

Son nom était toutefois apparu en avril 2015 dans une autre affaire, celle de l'attentat manqué projeté par un jeune étudiant algérien de 24 ans, Sid Ahmed Ghlam, contre une église de Villejuif, dans le Val-de-Marne. Un jeune à qui Fabien Clain aurait servi d'appui logistique à distance...

Une confrontation inéluctable

Auditionné dans le cadre de la commission d'enquête parlementaire sur les attentats de 2015, dont le rapport est rendu public le 12 juillet, le patron de la DGSI Patrick Calvar se montre inquiet. Pour lui, non seulement les terroristes islamistes pourraient à l'avenir changer de mode opératoire en France mais surtout, *"une confrontation entre l'ultra droite et le monde musulman" lui paraît "inéluctable"*.

Patrick Calvar, le patron de la Direction générale de la sécurité intérieure (DGSI), est du genre discret. Nommé en 2012, ce Breton de 60 ans a fait toute sa carrière dans les renseignements, "au contact direct des sources". Jusque là, aucune photo de lui n'avait filtré. Il s'est pourtant illustré dans l'antiterrorisme dès 1995 pour avoir notamment dirigé les équipes aux prises avec les poseurs de bombes du métro Saint-Michel, à Paris.

Auditionné à huis clos le 24 mai dernier dans le cadre de la commission d'enquête parlementaire sur les attentats de 2015 dont le rapport est rendu public, Patrick Calvar maîtrise donc son sujet. Celui qui est volontiers vanté pour son "sang-froid absolu" se montre cette fois alarmiste. Pensant *"que nous gagnerons contre le terrorisme"*, il s'inquiète néanmoins : pour lui la France, où *"un mouvement de fond entraîne la radicalisation de la société"*, mais aussi l'Europe, sont *"en grand danger"*.

"C'est ce qui m'inquiète quand je discute avec tous les confrères européens : nous devrons, à un moment ou un autre, dégager des ressources pour nous occuper d'autres groupes extrémistes parce que la confrontation est inéluctable", a-t-il estimé. Et de préciser : *"Vous aurez une confrontation entre l'ultra droite et le monde musulman - pas les islamistes mais bien le monde musulman"*.

"Encore un ou deux attentats et elle adviendra", avait-il déjà prévenu le 10 mai devant la commission de la Défense nationale de l'Assemblée nationale. Patrick Calvar recommande par conséquent *"d'anticiper et de bloquer"* toute possibilité *"d'affrontements intercommunautaires."*

Sur les attentats liés au terrorisme islamiste, le patron de la DGSI s'inquiète par ailleurs d'un éventuel changement de mode opératoire. Il se dit "persuadé" que Daech *"passera au stade des véhicules piégés et des engins explosifs"* en France, et qu'ils monteront ainsi "en puissance" en raison notamment du fait qu'ils n'iront plus à la confrontation directe *"avec un assaut et la mort à la clef."*

Aujourd'hui néanmoins, "la menace la plus forte" reste celle qui émane d'individus *"qui ont combattu"*, ou qui ont été *"entraînés en Syrie et en Irak"*, à l'image *"de ceux qui ont attaqué le Bataclan"*. *"Ceux-là, conclut Patrick Calvar, mèneront les actions terroristes d'ampleur (…) Ils sont au nombre de 400 à 500..."*

Les Frères Clain

Celui qui a revendiqué les attentats de Paris au nom de Daech a passé de nombreuses années à Alençon. Le souvenir qu'il y laisse n'est pas celui d'un terroriste. «*Doux, calme, ouvert, parlant l'arabe couramment et maniant très bien la langue française*». Quand la voix de ce Français de 37 ans s'élève au lendemain des attentats de Paris pour les revendiquer au nom de Daech, «*stupeur et effroi*» s'abattent sur celles et ceux qui l'avaient côtoyé lorsqu'il vivait dans l'Orne.

À Alençon, où vivent encore des membres de la famille de Fabien et Mylène Clain, c'est la stupéfaction. Interrogée, la cousine du djihadiste vétéran n'en revient pas. "Quand j'ai entendu la voix de Fabien et le chant de Jean-Michel sur la revendication de Daech, j'étais sciée. Ils ont joué un double jeu. J'étais à mille lieues de penser qu'ils pratiquaient un islam radical. C'est une trahison pour tout le monde. Pour moi, qu'il ait revendiqué ou commandité les attentats, c'est pareil ! C'est une pourriture qui salit l'islam et sa famille."

Voix claire et posée, il explique que Paris a été choisie car elle est "*la capitale des abominations et de la perversion.*" Clain se réjouit de "*la mort des idolâtres du Bataclan*" et estime le bilan "*au minimum à 200 croisés tués*".

L'homme parle de huit assaillants et évoque les lieux choisis, le Stade de France, le Bataclan et "*d'autres cibles dans le 10e, le 11e et le 18e arrondissement*". La preuve que l'enregistrement a été réalisé avant les attaques, étant donné qu'aucun attentat n'a été commis dans le 18e, où se serait trouvé Salah Abdeslam. D'ailleurs, celui-ci n'aurait pas dû survivre, puisque Clain assure que ses *"frères ont déclenché leurs ceintures d'explosifs au milieu de ces mécréants après avoir épuisé leurs munitions."*

Seul le commanditaire des attaques, ou un proche de celui-ci, pouvait avoir accès à autant de détails. Seul un membre haut placé dans la hiérarchie pouvait offrir une exposition médiatique à son frère cadet, Jean-Michel, l'homme qui chante avant et après le fameux message de revendication.

En Normandie

Né à La Réunion le 30 janvier 1978, Fabien Clain a passé de nombreuses années en Basse-Normandie. Scolarisé à l'école Robert-Desnos d'Alençon entre 1986 et 1991, c'est là qu'il rencontre celle qui deviendra sa femme, Mylène. C'est sa mère, chrétienne pratiquante, qui l'élève seule. À l'école primaire, il fait la connaissance de Mylène, qui deviendra son épouse à 21 ans.

En 1991, Fabien Clain repart à La Réunion avec sa mère, ses frères et sœurs. Puis revient dans l'Orne quatre ans plus tard pour terminer ses études. Il y retrouve Mylène «*par hasard*», témoigne la mère de celle-ci. «*Il était gentil, on ne peut pas lui enlever ça.*» À la fin des années 1990, toute la famille Clain se convertit à l'islam. Puis «*ils sont partis s'installer à Ambax (à une soixantaine de kilomètres au sud-ouest de Toulouse). J'y allais souvent voir ma marraine, la mère de Fabien et Jean-Michel.*»

À Toulouse, Fabien Clain et son frère Jean-Michel se radicalisent. Surnommé "Omar" par ses proches, il a lui aussi longuement vécu à Toulouse. Ils se rapprochent des familles Essid et Merah et fréquentent assidûment Olivier Corel, «l'émir blanc» d'Artigat, dans l'Ariège. «*Fabien part ensuite en Égypte. Pour apprendre l'arabe*», détaille Sarah. En 2009, il est condamné à 5 ans de prison pour avoir animé une filière d'acheminement vers l'Irak. Fabien Clain est alors qualifié de "tête pensante" du groupe.

À sa sortie de prison, fin 2012, interdit de séjour dans 22 départements du sud, il revient à Alençon avec femme et enfants. Il donne des cours d'arabe pour adultes à la mosquée Mahabba (amour, en arabe). Très vite, l'association lui demande d'arrêter après la diffusion de Pièces à conviction, en mars 2013, où il apparaît comme un proche de Mohamed Merah. « *Il a alors cessé de venir à la mosquée. Jamais nous n'aurions pu deviner qu'il irait jusque-là*», confie Omar Sadequi, président de l'association Mahabba.

À cette époque, Fabien Clain «ne travaille pas», selon sa cousine. Pourtant, on retrouve la trace d'une société de vente de livres, domiciliée dans le quartier de Perseigne, à Alençon, sa dernière adresse connue. À cette période, certains voisins évoquent des allers-retours en Belgique.

En février 2015, c'est la dernière fois qu'il est vu à Alençon. Pour beaucoup, il rejoint la Syrie dans la foulée. Mais il semblerait qu'il ait fait un dernier passage à Ambax. En juin, Sarah s'y rend. « Je venais d'apprendre le décès de ma marraine. C'est là que j'ai su que Fabien et sa mère étaient partis en Syrie depuis le mois de mai. Elle est morte là-bas.»

À ce moment-là, la gendarmerie confisque les papiers de Mylène. « *Pourtant, cet été, elle m'a envoyé un message. Elle disait être en Syrie avec leurs trois enfants*, poursuit Sarah. *Comment ils ont fait pour voyager ? Ça, je ne sais pas…*».

Sid Ahmed Ghlam

Sid Ahmed Ghlam a bel et bien été téléguidé depuis la Syrie. L'étudiant algérien de 24 ans, suspecté d'avoir fomenté un projet d'attentat contre une église de Villejuif, était en relation avec des Français partis faire le djihad en Syrie. Sid Ahmed Ghlam communiquait avec ses commanditaires via des conversations chiffrées sur Internet. Dans un des messages, dans lequel ils lui indiquent comment récupérer une voiture, les djihadistes font l'erreur d'utiliser des pseudonymes. C'est comme cela que les enquêteurs remontent jusqu'à au moins trois hommes, tous connus des services de renseignement et localisés en Syrie. L'un d'eux s'appelle Fabien Clain, un homme qui a contribué à radicaliser les deux autres.

Le meurtre d'Aurélie Châtelain, "*apparemment non-prémédité, a fait dérailler un scénario écrit depuis plusieurs semaines*". Aujourd'hui, celui-ci affirme que c'est un complice qui a accidentellement tué la jeune femme, la sécurité de l'arme étant "*partie toute seule*". Ghlam se serait alors volontairement tiré une balle dans la jambe, afin de se rendre à la police, prétend-il. Les enquêteurs estiment, eux, qu'il s'est blessé accidentellement.

S'il ne s'était pas tiré cette balle dans la jambe, le dimanche 19 avril, tout porte à croire que l'étudiant de 24 ans sans casier judiciaire serait passé à l'acte dans une église de Villejuif, dans le Val-de-Marne. Il en avait en tout cas bel et bien reçu l'instruction écrite, deux jours avant.

Dans cette affaire d'attentat manqué, les enquêteurs sont sur la piste de commanditaires français basés en Syrie. Et Ghlam, "*confronté aux éléments du dossier*", a "*finalement décidé de s'expliquer*".

L'un des principaux suspects serait un homme bien connu des services de renseignement: Fabien Clain, un ex-cadre de la filière d'Artigat, en Ariège - la filière dans laquelle évoluait Mohamed Merah.

C'est une série de messages, retrouvés dans le matériel informatique de Ghlam, qui ont permis aux enquêteurs de remonter jusqu'à lui. Un interlocuteur basé à l'étranger - qui ne donne jamais son nom - demande à l'étudiant en informatique de se rendre dans un garage, situé à Pierrefitte-sur-Seine, en Seine-Saint-Denis, pour récupérer une voiture et y cacher son arsenal.

"*Quand tu arrives là-bas, tu demandes à parler à Rabi*", est-il écrit. "*Dès que tu le vois tu lui dis: 'Je viens de la part de Vega et Thomas pour récupérer la BMW 318'*".

Des informations précieuses pour la DGSI, qui parvient à identifier les deux complices en quelques jours: Macreme A. et Thomas M., deux hommes originaires de Seine-Saint-Denis que Fabien Clain aurait endoctrinés avant qu'ils ne quittent la France, début 2015, pour la Syrie.

Si les trois hommes n'ont pas pu être entendus, l'enquête de la DGSI a permis la mise en examen de trois personnes ces dernières semaines. Le premier, un certain Rabah B., dit le "Kabyle", est soupçonné d'avoir organisé la livraison de l'arsenal caché dans la Mégane, à l'attention de Ghlam. Son nom avait déjà été cité dans une affaire de jihadisme.

Le deuxième homme est un proche de Moussa Coulibaly, qui avait agressé trois militaires au couteau à Nice, le 3 février dernier. Quant au troisième, il "*fréquente un ancien membre du Groupe islamique combattant marocain, suspecté d'avoir commandité les attentats de Casablanca et de Madrid au début des années 2000*", écrit Le Monde.

Enfin, un quatrième homme, dont l'ADN avait été retrouvé sur une brosse à cheveux au domicile de Ghlam, a finalement été relâché. Mais les enquêteurs ont découvert que son frère, un déserteur de l'armée française, avait été "*l'élève de Farid Benyettou*", surnommé "*l'émir des frères Kouachi*", les deux auteurs de la tuerie de Charlie Hebdo.

Mohamed Merah

"Le tueur au scooter" s'inquiète à la fin des années 2000 du procès à venir de Fabien Clain. Si bien qu'il prend des nouvelles de lui grâce à son frère et va jusqu'à lui écrire une lettre depuis sa cellule, où il purge une peine pour des faits de délinquance.

Fabien Clain est à son tour en détention lorsque Mohamed Merah commet ses meurtres sanglants. Fait étrange, à sa sortie en août 2012, il s'installe en Normandie et s'insurge contre un reportage sur France 2 dans lequel il est décrit comme un proche du terroriste. Il assure à l'époque que sa vie est un enfer depuis la diffusion et qu'il porte plainte contre France télévisions. Et ce, malgré les preuves accablantes qui le contredisent.

Toulouse

À l'époque, Clain se décrit comme un rappeur d'un genre particulier, un "Rappeleur", chantant la gloire de sa nouvelle religion. Lui écrit les textes, Jean-Michel, son petit frère les chante. Pas besoin de disposer d'une source au sein des services de renseignements pour suivre le début du parcours de Clain. Tout est sur le web. Elles tournent toujours sur le site Myspace.

À Toulouse, cité du Mirail, Clain passe un cap dans sa foi. Alors que sa femme se voile intégralement, il se radicalise et donne dans le prosélytisme. Décrit comme affable et chaleureux, son pouvoir de persuasion est très fort. Son charisme, indéniable. À son contact, un jeune homme de 16 ans change sa façon de voir le monde. Il s'agit de Sabri Essid. En mars dernier, ce vétéran du jihad est apparu dans une vidéo de propagande de Daesh, ordonnant à son fils de 10 ans de tuer un otage.

Sabri Essid n'est autre que le demi-frère de Mohamed Merah, l'auteur des attentats de Montauban et Toulouse en 2012, responsable de la mort de trois militaires et de trois enfants et un enseignant à l'école juive Ozar Hatorah. Quant à Adbdelkader Merah, le frère de Mohamed, il est l'un des meilleurs amis de Fabien Clain. Petit à petit la galaxie Clain se met en place.

L'émir blanc

En 2004, c'est en Ariège, à Artigat que Clain et ses proches poursuivent leur périple. Ils y sont accueillis par Olivier Corel, dit "l'émir blanc". Condamné pour détention d'arme à six mois de prison avec sursis, Olivier Corel a affirmé "n'être ni imam, ni chef, ni rien de tout ça". Il n'empêche que, dans sa communauté chaque mois plus nombreuse figuraient aussi Sabri Essid, Abdelkader Merah et sa soeur Souad.

En 2007, la filière d'Artigat est démantelée. Plusieurs de ses membres sont mis en examen pour avoir permis à de jeunes Français d'aller se battre pour Al-Qaida en Irak. Désormais bien connu des services secrets français, Fabien Clain fait l'objet d'un fiche "S" alors qu'il est parti vivre en Egypte. À son retour en France en 2008, il est arrêté et condamné à cinq ans de prison l'année suivante.

Assignée à résidence, la jeune femme n'ose plus sortir de chez elle, "par peur d'être assimilée à Fabien et Jean-Michel". Même chose pour la grand-mère des enfants Clain, la mère de Mylène, qui ignorait que sa fille était partie en Syrie. Les enquêteurs se sont également rapprochés des parents de sa femme, Mylène. «On vit un drame. On avait une vie tranquille, maintenant c'est fini. Nous sommes victimes de tout cela», a déclaré sa belle-mère. Cette famille d'Alençon était loin de se douter des activités terroristes de leur gendre.

La mère de Mylène se souvient de la rencontre de sa fille et de Fabien sur les bancs de l'école et de sa conversion à l'islam. «Quand Mylène a commencé à se voiler, son père a refusé de la voir», confie l'Alençonnaise. De son côté, elle reste en contact avec sa fille qu'elle finit par héberger avec ses trois enfants.

Puis c'est la disparition. La dernière fois que la mère de famille voit Mylène et ses petits-enfants «c'était en février dernier», se souvient-elle. Inquiète, elle s'était alors rendue au commissariat pour «signaler une disparition inquiétante». À l'époque, les passeports de l'épouse et des enfants de Fabien Clain sont confisqués. Mais pour sa belle-mère, «sa fille et ses trois enfants ne sont plus en France».

«Pour moi, qu'il ait revendiqué ou commandité les attentats, c'est pareil!», affirme la cousine de Fabien Clain. Avant d'ajouter: «Moi je suis convertie depuis 2013 mais je pratique un islam modéré. Les forces de l'ordre pensent que je suis liée à eux, mais je n'ai pas choisi ma famille, j'étais à mille lieues de penser qu'il pratiquait l'islam radical» a-t-elle soutenu. Du fait de son assignation, la jeune femme doit pointer quatre fois par jour au commissariat. «J'ai peur de sortir, d'être agressée par des gens qui m'assimilent à Fabien et Jean-Michel», craint-elle.

Concernant la disparition de la femme de Fabien, sa cousine est formelle: «Pendant l'été, j'ai reçu un message me disant qu'elle était en Syrie avec les enfants. J'ai parfois quelques nouvelles de sa part mais juste pour me dire comment vont les enfants, c'est tout». Quant à son cousin, elle dit l'avoir vu pour la dernière fois en début d'année.

Sabri Essid

Sabri Essid, 31 ans, est originaire du quartier des Izards à Toulouse, comme les Merah. Il commence à s'intéresser à la religion à l'adolescence. En 2000, il a 16 ans quand il quitte le domicile familial pendant deux mois pour habiter non loin, à Bellefontaine, chez Fabien Clain. De six ans son aîné, ce converti joue auprès de lui un rôle de mentor. Interrogée par les enquêteurs en 2007, la mère de Sabri Essid parle d'un changement radical, en deux mois seulement.

Au même moment, autour d'« Abdel-nasser », alias Abdelkader Chadli, en lien avec le Front islamique tunisien et le GIA algérien, se constitue à Toulouse, une cellule dont un converti, le dit Fabien Clain, prend bientôt les rennes. Si Sabri Essid a commencé à prier, selon ses propres déclarations depuis l'âge de 14/15 ans, c'est au contact de ce chef, décrit comme charismatique mais qui n'apparaissait pas pour certains acteurs de l'affaire comme « le plus dangereux », que Sabri Essid se laissera, d'après sa mère, « influencé ».

Autour de Fabien Clain, se constitue un petit groupe qui tient un étal au marché de la place Saint-Sernin à Toulouse, et fait du prosélytisme derrière la vente de livres religieux. Sabri Essid et deux autres comparses, s'attardent sur de tout autres conseils. Auprès des badauds attirés, arrêtés devant l'étalage, les membres de la « communauté » en profitent pour faire du prosélytisme. Embusqués, les renseignements observent. La provenance du matériel religieux, édité par l'association salafiste belge Al imam al bokhari, ne leur échappe pas, pas plus que les va-et-vient du groupe toulousain en Belgique.

Car avant d'être devenu le repère des Merah, la Belgique fut d'abord celui de Sabri Essid et de quelques autres, dont Fabien Clain et son frère Jean-Michel, qui avaient même tentés de s'installer à quelques encablures d'Anvers, à Utrecht, aux Pays-Bas. Le groupe toulousain, qui présente déjà un caractère sectaire, s'affiche ainsi paradoxalement, dès ses débuts, par ses ramifications à l'international. En Belgique donc, mais aussi en Egypte, en Syrie, où les membres se rendaient tantôt en bus, en empruntant une ligne Eurolines au départ de la Porte de Bagnolet, à destination de la Bulgarie, tantôt en avion depuis Bruxelles, profitant alors pour faire une « étape » chez des « frères ».

La Syrie

Fin 2006, Sabri Essid part pour la Syrie. C'est en cherchant à rejoindre l'Irak pour s'y battre contre les Américains qu'il est arrêté à Hama, en compagnie de Thomas Barnouin, originaire d'Albi. Ce qui vaudra à sa mère d'être interrogée par les enquêteurs français en février 2007. Face à eux, elle évoque, impuissante, un fils qui a « *toujours été attiré par l'islamisme radical*». Encouragé en cela par son père. Sabri Essid, de fait, bascule tôt, dès 2000, lorsqu'il quitte le domicile familial, à Toulouse, pendant deux mois pour être hébergé non loin, dans le quartier Bellefontaine chez un certain Fabien Clain, de six ans son aîné, et qui jouera auprès de lui un rôle de mentor.

Sabri Essid a alors 16 ans. «*A partir de cette époque, le comportement de (s)on fils a radicalement changé. Il parlait sans cesse de religion et du djihad*» poursuit la mère. A 17 ans, à l'âge où d'autres « *ne sont pas sérieux* », la « vie sociale » du jeune Essid «*semble s'être limitée aux relations religieuses*» note le docteur en psychopathologie, chargée de l'examiner, au cours du procès.

Remis à la France, Sabri Essid est jugé par le Tribunal de grande instance de Paris, en 2009, avec l'ensemble de la filière dite d'Artigat, qui organisait le départ de combattants vers l'Irak. Devant le Tribunal de grande instance de Paris, en 2009, Sabri Essid ne nie pas avoir tenu ses propos. «La page est tournée» affirme-t-il cependant. Pourtant, à la barre, il laisse un souvenir différent. Celui de la « petite frappe » radicalisée à qui « la prison n'avait pas fait du bien. » « Essid s'était défendu seul, sans avocat, en reprenant l'habituelle diatribe : "*je ne reconnais pas ce tribunal, seul Dieu me jugera...*" C'est ce qu'on leur apprend en prison, explique une source proche du dossier. Il écope de 5 ans de prison dont un avec sursis, pour "*association de malfaiteurs en vue de la préparation d'un acte terroriste*". Libéré en novembre 2010 après 4 ans de prison, il trouve un emploi de grutier.

Sabri Essid indique avoir été torturé. Electrocuté. Il présente d'ailleurs une «abrasion des poils sur la zone testiculaire». Même obtenu sous la torture par les services syriens, ses aveux quant à sa volonté d'aller faire le djihad en Irak, envahi à l'époque par les Américains, ne font pas de doute pour la justice française. N'ayant toutefois pas pu se rendre sur les terres de Saddam Hussein, ce n'est que l'intention qui sera finalement jugée. «*C'est là toute la difficulté de ces procès*» observe un connaisseur du dossier. «*On ne condamne pas pour des faits préventifs. C'est très délicat d'appréhender ce genre de profil...* »

Pour un ancien de la bande de Toulouse néanmoins, entendu par les enquêteurs, Sabri Essid « *était sans pitié (...) manifestait sans précaution le désir de se rendre en Irak, il n'hésitait pas à crier sa haine des Américains.* » Des « déclarations » de Ben Laden et des « *reportages sur les détenus de la base américaine de Guantanamo* » avaient d'ailleurs été retrouvés parmi les affaires de Sabri Essid, lors de son arrestation au cours de laquelle des armes avaient également été saisies. S'il n'avait pas pris les armes plus tôt, c'est aussi qu'il avait des dettes vis-à-vis de son père, informe une note des renseignements. Des dettes dont il s'acquittera en vendant sa BMW : « *Il voulait partir libre* » et avait donné, selon des dépositions, à un autre membre du groupe « *la liste de ses dettes pour lui permettre d'aller au paradis* ».

Issus du même quartier que Merah, les deux hommes se rapprochent encore plus en 2010, quand le père de Sabri Essid épouse religieusement la mère de Mohamed Merah. Ils se présentent alors comme "demi-frères". Ils sont en contact dans les mois précédant les tueries de Toulouse. C'est Sabri Essid qui organise les funérailles de Mohamed Merah, après sa mort en mars 2012 dans l'assaut donné par le Raid.

Daech

Le groupe est surveillé par la police, qui les file lors de séances de paintball, de réunions dans des appartements et de déplacements à Grigny, en région parisienne. De nouvelles têtes, notamment des convertis, apparaissent dans leur entourage. Mais leur suivi n'empêche pas leur départ simultané d'Albi et de Toulouse pour la Syrie entre mars et avril 2014. Une vingtaine de départs au total.

«Le profil de types comme ceux du groupe d'Artigat est inquiétant. Ce sont des fondus qui auront gagné en influence à leur retour, s'ils reviennent», commente une source judiciaire. Depuis septembre 2013, le juge antiterroriste Marc Trévidic enquête sur ce réseau dit *«Artigat 2»* et *«susceptible de commettre des attentats sur le territoire national»*. Sabri Essid et comparses sont soupçonnés de continuer à recruter dans la région toulousaine.

Surveillé par la DGSI depuis sa sortie de prison, et par la justice qui compte l'entendre dans l'affaire Merah, Sabri Essid parvient malgré tout à rejoindre les rangs de l'organisation Etat Islamique mi-avril 2014. Il part avec son épouse et quatre enfants: son beau-fils de 12 ans, Rayan, et leurs trois enfants en bas âge.

Le 10 mars 2015, Sabri Essid apparaît dans la vidéo de l'"exécution d'un otage Arabe israélien, soupçonné d'un espion du Mossad. Le film diffusé par l'Etat islamique marque une étape dans l'horreur : à ses cotés, on voit son beau-fils, Rayan, 12 ans, tirer sur l'otage. Sabri Essid évoque en français l'attaque de l'Hyper Cacher deux mois plus tôt, et menace de s'en prendre aux Israéliens :

« *Oh vous les juifs, Allah nous a permis de tuer vos frères sur le sol français, et ici sur la terre de l'Etat islamique. (...) Les conquêtes islamiques viennent de commencer, les juifs tremblent car la promesse est proche.* »

Agenouillé, à ses pieds, un jeune arabe israélien qu'il accuse d'appartenir au

Mossad. Revêtu d'un T-shirt orange semblable à la tenue des prisonniers de Guantanamo, l'otage attend la mort. On ne sait si c'est l'enfant qui accompagne Sabri Essid ou Sabri Essid lui-même qui la lui donnera.

Revolver à la main, « Allahou akbar » à la bouche, le garçonnet (que ses anciens camarades d'école à Toulouse ont reconnu) grimace. A ses côtés, à peine plus grand que lui, dans un treillis couleur terre, Sabri Essid prend quant à lui la parole. En français. Celui qui a longtemps été dans l'ombre de son « frère » d'arme, Mohamed Merah (*qu'il a d'ailleurs enterré, avec seulement quelques intimes*) s'avance sur le devant d'une scène qu'il occupe en réalité depuis bien longte

Olivier Corel

Onze jours après les attentats du 13 novembre, le domicile d'Olivier Corel, 69 ans, surnommé l'«Emir blanc», principal mentor d'un réseau salafiste de la région toulousaine par lequel sont passés les frères Clain ou encore Mohamed Merah, a fait l'objet d'une perquisition administrative. Il a été placé en garde à vue pour possession illégale d'une arme de chasse. Son interpellation s'est faite en même temps que quatre autres perquisitions administratives dans l'Ariège et six assignations à résidence. Il a finalement été condamné à six mois de prison avec sursis pour détention d'arme, mercredi 25 novembre, en comparution immédiate devant le tribunal correctionnel de Foix.

Depuis plus d'une décennie, ce Syrien naturalisé français, de son vrai nom Abdel Ilat Al-Dandachi, est dans le collimateur de la justice et des policiers de l'antiterrorisme. Il n'avait jamais été condamné. Arrivé en France en 1973, ex-responsable de l'Association des étudiants islamiques de France, proche des Frères musulmans syriens, Olivier Corel a fondé, en 1987, la communauté islamiste du hameau ariégeois de Lanes, près d'Artigat, dans la vallée de la Lèze. De là, il enseignait la parole salafiste, sous couvert de cours de religion et de conférences sur la géopolitique au Moyen-Orient. C'est dans sa modeste maison qu'il recevait.

Tout le clan Merah est passé par là : Mohamed, sa sœur Souad, leur frère Abdelkader. Un certain Sabri Essid aussi. Olivier Corel a surtout eu comme élèves les frères Clain, Fabien et Jean-Michel. D'origine réunionnaise, convertis et mariés à deux femmes portant la burqa, leurs deux voix ont été identifiées sur la bande audio de revendication des attentats de Paris par l'EI. Tous les deux ont assidûment fréquenté la communauté d'Artigat depuis la fin des années 1990.

En 2009, Olivier Corel a bien été poursuivi pour «association de malfaiteurs en relation avec une entreprise terroriste » dans le cadre du procès d'une des premières filières démantelées d'envoi de candidat au djihad en Irak. Mais il a obtenu un non-lieu. Sabri Essid, lui, écope à l'époque de cinq ans de prison, tout comme Fabien Clain, condamné en 2009.

En novembre 2014, Olivier Corel a une nouvelle fois été placé en garde à vue, dans le cadre de l'affaire Merah. Mais il est là encore ressorti libre. Il affirmait alors avoir rencontré Mohamed Merah seulement une dizaine de jours avant son premier meurtre. Le jeune homme était venu le consulter dans sa maison d'Artigat pour une « question liée au divorce dans l'islam», avait-il soutenu. Lors de son audition, il a refusé de condamner le tueur au scooter.

Devenu prédicateur à son tour, Fabien Clain semble avoir recréé en Syrie le biotope d'Artigat. Avant leur départ pour la Syrie, Fabien Clain et son frère Jean-Michel auraient toutefois pris leurs distances avec l'«émir blanc», estimant qu'il « avait beaucoup vieilli ».

Apprécié dans la commune, il serait "très serviable" et donnerait souvent "des coups de main pour des travaux". Il vend notamment des poteries et des fripes sur les marchés locaux, porte une barbe longue et des bottes en plastique qui le ferait presque passer ce sexagénaire travailleur pour un "baba cool".

Frères musulmans

Arrivé en France en 1973 pour des études de pharmacie rapidement abandonnées, Abdel Ilat al-Dandachi de son vrai nom, est d'origine syrienne. Il francisera son patronyme lors de sa naturalisation en 1983. Selon les policiers qui ont enquêté sur son parcours en 2008, cet homme, "interdit de séjour en Syrie", *"utilisait ses relations dans les pays du Moyen-Orient pour faciliter et assister la logistique des salafistes toulousains"*.

Ancien responsable des Frères musulmans syriens en France et ex-président de la section toulousaine de l'association des étudiants islamiques de France, le "cheikh" s'installe dans ce coin paumé de l'Ariège en 1987. Poterie et élevage de cailles : au début, la petite communauté ne se fait pas remarquer. Même si les jeunes convertis affluent dès les années 1990.

Olivier Corel commence à prendre de l'influence à partir de 2003, date à partir de laquelle il est surveillé par les renseignements généraux. A Toulouse, deux "leaders" radicaux se sont en effet fait expulser. La nature a horreur du vide et c'est ainsi qu'Olivier Corel devient l'aimant de tout un groupuscule de jeunes, attirés par "ses grandes connaissances religieuses".

Des individus déjà radicalisés comme les Clain, mais aussi toute une flopée de nouveaux convertis, comme ce Thomas C., qui disait aux policiers "avoir découvert l'islam après avoir lu la 'Critique de La Raison Pure'", puis démissionné de son boulot dans un supermarché "pour ne plus avoir à toucher des conserves contenant du porc".

Au printemps 2014, toute cette nébuleuse part en masse en Syrie, avec femmes et enfants. C'est le cas de Souad Merah et de son mari, de Sabri Essid, de tant d'autres. Le mari de Souad reviendra cependant peu après, ainsi que deux autres, se disant "effrayés" par ce qu'ils avaient vu là-bas. Olivier Corel a à nouveau été mis en garde à vue en novembre 2014, dans l'affaire Merah, puis relâché. Avec les attentats du 13 novembre, les enquêteurs sont déterminés à arracher les secrets de la filière Artigat, en ciblant ceux qui, comme Corel, sont encore "localisables". L'avocate Samia Maktouf soupire : "C'est trop peu, trop tard".

Molenbeek- Brussels

Molenbeek. C'est déjà là, dans ce dédale de ruelles grises, qu'avait logé en son temps Mehdi Nemmouche, le tueur du musée juif de Bruxelles. Là aussi que l'islamisme radical belge a établi, dès les années 90, une importante base arrière. Il est désormais établi que certains des terroristes qui ont frappé Paris sont issus de cette commune.

Molenbeek. Aux balcons des fenêtres, du linge étendu, sèche dans la douceur d'automne, seul signe de vie, perdu, au milieu des façades grises, anonymes. Derrière l'une d'entre elles, dans une «chambre» sans «charme ni confort» a discrètement logé, au printemps 2014, un jeune français de 29 ans, accusé d'être l'auteur de la tuerie du musée juif de Bruxelles qui a couté la vie à quatre personnes, le 24 mai 2014. De Molenbeek, Mehdi Nemmouche n'a eu à parcourir que quelques kilomètres pour se rendre au Musée juif.

A peine plus d'une heure de route le sépare également de Tourcoing, dans le Nord de la France, où il a grandi. Ce n'est pourtant qu'à son retour de Syrie que le jeune homme échoue à Bruxelles. D'autres avant lui ont emprunté le même chemin. Comme cette quinzaine de jeunes, originaires de Molenbeek, partis combattre, début 2013, en Syrie. Les registres communaux ne comptent qu'une dizaine de radiations effectives ou en cours. «La rumeur bruxelloise» elle, est plus «loquace», confie l'humanitaire belge Bahar Kimyongür. «Il suffit de tendre l'oreille de temps en temps et de suivre certaines conversations pour se rendre compte que la Syrie est devenue omniprésente. »

Rien qu'à Bruxelles, 54 jeunes auraient en effet pris le départ pour Alep, Idlib ou encore Raqqa. Quarante-six jeunes pour la ville Anvers. A elles deux, les deux communes représentent presque un tiers des départs officiellement recensés par les autorités. Près de 350 au total. Six fois plus de départs qu'en France, en proportion, si l'on ramène leur nombre à la population totale. A Molenbeek, souvent dépeint comme un «hameau djihadiste», la question agite depuis longtemps ses habitants.

Si les exemples de jeunes ayant succomber à l'appel du djihad se succèdent, la mère d'un jeune molenbeekois parti lui aussi récemment en Syrie ne semble se reconnaître dans aucun d'entre eux. Ses yeux brillent à l'évocation de son fils. « On culpabilise, on se demande qu'est-ce qu'on a manqué ? » s'interroge-t-elle avant de revenir sur une poignée de souvenirs. « Tout est allé si vite… Il s'est laissé pousser la barbe…Puis il a enlevé tous les bibelots de la maison, a décroché les tableaux…Et un jour il est parti…». «On a perdu le sommeil» conclut une autre mère, qui retarde l'heure du coucher comme pour différer celle du réveil.

Aucune d'entre elles ne souhaite dévoiler son identité pour nous parler car de «là-bas, ils (leur fils, ndlr), voient tout» et les accusent : « C'est de votre faute si on va en prison, vous qui parlez» leur font-ils savoir. Mais pour les mères, contraintes de prendre un nom d'emprunt pour s'exprimer en public, « c'est un problème de ne pas pouvoir parler». Restées en contact régulier avec leurs enfants, auxquels elles demandent «une petite bulle (comprendre : un message; ndlr) par jour», leurs cœurs s'accélèrent depuis la multiplication des frappes de la coalition emmenée par les Etats-Unis.

Accoutumés à la réputation sulfureuse qui leur colle à la peau, les riverains ont toutefois été surpris, à la fin mars, d'apprendre le jeune âge de Younes, emmené par son grand frère Abdelhawid, 27 ans, en Syrie. Il n'a en effet que 13 ans à l'époque mais s'affiche déjà, sur les photos, une kalachnikov presque aussi grande que lui à la main.

Molenbeek avait déjà connu de violents affrontements deux ans plus tôt suite au contrôle d'une jeune convertie, Stéphanie, ayant refusé d'ôter son voile intégral, également interdit en Belgique. «Prise de panique je pensais que j'allais mourir là» déclarait-elle lors d'une improbable conférence de presse organisée par le leader de Sharia4Belgium, Fouad Belkacem, 32 ans. Stéphanie ne serait autre que l'épouse de l'un des membres de ce groupuscule qui militait, avant d'être dissous, pour l'instauration d'un califat en Belgique. En représailles du contrôle de police, Fouad Belkacem aurait lui même demandé à ses recrues d'attaquer le commissariat de Molenbeek.

Rachid Haddach

A la Sûreté d'Etat belge, les «départs sur zone», en Syrie, sont pourtant minutieusement scrutés. Mais des voix s'élèvent, ici ou là, pour critiquer les autorités. D'autant qu'un islam rigoriste, d'inspiration wahabite, très prisée en Arabie saoudite, s'est installé dans le pays et est abondamment relayé depuis plusieurs décennies via, entre autres, le Centre islamique et culturel de Bruxelles, le CICB, placé depuis toujours sous la coupe des Saoudiens.

Les «six principes intangibles» du wahabbisme y sont-ils véhiculés? Ainsi, arrivent en bonne place le «monothéisme absolu (tawhid), l'interdiction des innovations impies (bid'a), la loyauté à l'égard de "l'islam pur" et la dissociation avec tout ce qui n'est pas musulman ou musulman conforme, comme les soufis ou les chiites». Juste derrière cependant : «l'excommunication des mécréants et des musulmans déviants (takfir)» et «le combat armé (djihad)».

«Haram, je te dis ! Haram ! Des lignes noires sous les yeux, les sourcils épilés ou – pire encore, qu'Allah me protège – du rouge à lèvres !» La voix se tait. Quelques jeunes filles semblent en colère, d'autres ont mis leurs écouteurs sur leurs oreilles. «Chères sœurs, tout ceci, c'est haram », continue la voix. « Et tant que nous sommes occupés avec l'apparence physique : vous, mes frères, portez des pantalons qui tombent par-dessus vos chevilles. C'est ce que le prophète recommande. Et laissez pousser votre barbe.»

Rachid Haddach – la voix – toussote et continue. «Il y en a qui font la fête jusqu'au matin. Mes frères et sœurs, ça aussi, c'est haram. Il y a des hommes et des femmes qui dansent à des fêtes de mariage, souvent pendant toute la nuit ! Ceux-là vont devoir un jour rendre des comptes.»

Rachid Haddach est un des prédicateurs salafistes les plus populaires à Bruxelles. Il donne à la mosquée Assouna à Anderlecht, une conférence sur le thème «mes actions dans la balance », en d'autres mots : ce que vous faites ici sur terre aura un impact sur votre vie dans l'au-delà.

Son public est séparé en deux groupes : les hommes sont assis à l'avant, devant lui, sur le sol de la mosquée. Les femmes sont en haut, dans une petite salle à part au premier étage. Ils sont tous suspendus à ses lèvres.

Haddach les appelle «mes sœurs et mes frères», comme il convient de le faire dans une mosquée qui se respecte. Les «frères» sont, en ce vendredi soir, quelques centaines. Des jeunes gens costauds en costume de rue, avec des sneakers et des casquettes de base-ball. Des adolescents boutonneux avec des kufis et des tuniques longues. Des jeunes avec des longues barbes, des cheveux coupés très court et, comme le prescrit le salafisme, avec des pantalons qui recouvrent leurs chevilles.

Du côté des «sœurs», il n'y a que quelques dizaines de jeunes filles et jeunes femmes. Leurs cheveux sont recouverts d'un hijab de couleur foncée, et elles sont revêtues d'un long manteau. Ou encore, elles portent un jilbab, une robe longue et ample. D'autres encore portent une abaya, un tissu noir qui ne laisse que le visage et les mains libres.

Les femmes ne peuvent pas voir Haddach, mais seulement l'écouter via les haut-parleurs installés dans la petite pièce. Les «harams» (ce qui est interdit) et les «halals» (ce qui est autorisé) ponctuent son prêche. Porter le voile ? «Halal !, allez-y mes sœurs. Vous ne le regretterez jamais. Les femmes qui travaillent à l'extérieur ? Uniquement si on peut travailler voilée. Sinon, haram ! « Participer à des matches de boxe ? Haram, mes frères. Allah ne veut pas que vous détruisiez votre corps. Vous voyez à quoi ressemble Mohamed Ali ?»

Le public ricane. Les boutades font partie du style de Rachid Haddach. Il parle à son public comme s'il était à un talk-show. « Et toi, mon frère, as-tu pensé à ce qui t'attend dans l'au-delà?», interroge-t-il. Et à quelqu'un d'autre : « Restes-tu parfois seul avec une fille ? Haram ! Pense aux conséquences. Pense à son honneur.»

Les filles chuchotent entre elles, s'échangent des messages. Une femme s'agenouille, en prières. Un peu plus loin, une autre a pris son gamin avec elle. L'enfant se promène, encore instable sur ses petites jambes, il gazouille pour attirer l'attention. L'atmosphère est amicale, presque familiale. Il ne manque que le thé à la menthe et les petits gâteaux. Mais juste au moment où l'ambiance risque de devenir trop agréable, la voix de Rachid Haddach est de retour.

«La religion, ce n'est pas un snack-bar », retentissent les haut-parleurs. « Pour moi, ce sera un dürüm, avec des frites et de la mayonnaise, s'il vous plaît. Et avec des oignons frits. Finalement non. Non, des oignons, mais pas frits. » Rires dans la petite salle. « Non, frères et sœurs, ce n'est pas le but, continue le prédicateur. La religion, c'est quelque chose de beau, mais ce qu'on voit parfois dans la rue, c'est un micmac. Chacun fait ce qu'il veut. Il faut du sérieux. Nous ne sommes pas dans un MacDo.»

Rachid Haddach fait partie du petit club de prédicateurs salafistes qui prêchent chaque semaine quelque part à Bruxelles. Ils ont été formés au Centre islamique et culturel (à la Grande mosquée) au parc du

Cinquantenaire. Ils ont suivi des études religieuses en Arabie saoudite et peuvent réciter le Coran par cœur.

D'après sa page Facebook, il a 42 ans, il est marié, et a cinq enfants. Haddach se présente comme un «professeur» et son CV indique qu'après ses études secondaires, il a suivi une série de formations théologiques dans des mosquées en Belgique et à Riyad. Pendant ses conférences, il parle avec beaucoup d'aisance, son ton est un peu celui d'un père qui fait des remontrances à ses enfants. « Respectez vos parents ! » (...) « Soyez bon avec votre épouse ! » (...) « Rendez visite aux malades et aux mourants !» Des conseils auxquels personne ne trouve rien à redire.

Mais si on écoute bien, on peut percevoir à quel point son discours est radical. Il explique qu'au lieu d'aller à l'école maternelle, les enfants doivent rester à la maison jusqu'à l'âge de six ans. Et par là, il suggère que les femmes aussi doivent rester à la maison pour les garder, et que les enfants doivent rester le plus longtemps possible dans un environnement musulman. Sur internet, on trouve des films où il donne son avis sur la musique. « Vous feriez mieux de lire le Coran. Si le prophète était en faveur de la musique, il en aurait profité à son époque.»

Il donne l'exemple du rappeur américain Loon, qui s'est converti à l'islam, et qui était à Bruxelles il y a peu. « Loon a dit que la musique vous faisait entrer dans un autre monde, avec des femmes, un monde où on pousse les gens à danser, à faire certains gestes qui ont une connotation sexuelle. »

Détail piquant: Loon, qui s'appelle désormais Amir Junaid Muhadith, est actuellement en prison à Bruxelles pour des faits de drogue, et attend son extradition pour les Etats-Unis. Mais ça, Haddach n'en dit pas un mot.

Pour Haddach, on en revient à la même chose : rappeler les hommes et les femmes à leur devoir. Les femmes doivent se couvrir la tête, et les hommes doivent se laisser pousser la barbe. Ça aussi, c'est le prophète qui le recommande. Et non, on ne peut pas tailler sa barbe. En témoigne sa barbe impressionnante, dans laquelle il trifouille de temps en temps.

Aucune preuve ne permet à ce jour d'incriminer les responsables du Centre islamique et culturel de Bruxelles mais leurs prêches posent toutefois quelques questions. Pourquoi Abdelkader Merah, connu pour défendre des positions aussi radicales que celles de son frère, Mohamed Merah, auteur des attentats de Toulouse (Mars 2012), a-t-il assisté, selon une note des renseignements français, le 14 janvier 2007, à l'écart du centre-ville toulousain, à une conférence de Rachid Haddach, célèbre prédicateur lié au CICB de Bruxelles et débarqué la veille à l'aéroport de Carcassonne ?

Si tous les salafistes ne prônent pas le djihad, certains de leurs conseils mettent néanmoins à mal la cohésion sociale. Si on écoute bien, on peut percevoir à quel point (le discours de Rachid Haddach) est radical. «Au lieu d'aller à l'école maternelle», conseille-t-il par exemple "les enfants doivent rester à la maison jusqu'à l'âge de six ans". Rien d'illégal, l'école maternelle n'est pas obligatoire en Belgique même si elle est fréquentée par la quasi-totalité des enfants. Mais Rachid Haddach ne cesse de frôler la ligne jaune. Il le sait, il est surveillé. De près.

D'autres sont moins prudents. Anvers, par exemple, accueille une succursale unique en son genre : l'institut yéménite Dar El Hadith qui prône de curieux enseignements, notamment inspirés par Rabiem El Metkhali, adepte fervent de la lapidation.

Sharia4Belgium

L'objectif de Sharia4Belgium était la destruction de la démocratie et la mise en place d'un Etat islamique. Pour parvenir à ses fins, Sharia4Belgium se concentrait sur cinq activités:
-diffusion de l'idéologie via internet et les réseaux sociaux,
-recrutement de jeunes musulmans via des prêches de rue,
-endoctrinement de ceux-ci lors d'entraînements idéologiques et physiques
-actions violentes en Belgique
-lutte armée en Syrie

C'est également à Anvers que Sharia4Belgium avait en son temps installé son QG et ses «street dawah », des rencontres à travers lesquelles le groupe abordait, dans la rue, ses futures oies. De là, Sharia4Belgium avait établi des liens à l'international, aux Pays-Bas mais aussi au Royaume-Uni, où elle était en contact avec Anjem Choudary, le leader des Al Muhajiroun, organisation dissoute en 2011 par les lois antiterroriste votées après les attentats de Londres.

En Belgique, la plupart des jeunes partis en Syrie sont d'ailleurs flamands, originaires de Vilvorde, Malines mais surtout donc d'Anvers où le Vlaams Belang d'extrême droite a réalisé, dans les années 2000 ses meilleurs scores, avant d'être laminée par les indépendantistes du NVA de Bart de Wever, le nouveau bourgmestre (maire) d'Anvers.

Les jeunes n'ont plus besoin de la mosquée. Ils n'ont pas un comportement religieux de longue date. A ceux qui partent faire le djihad, à tous ces adolescents en perte de repères ou d'idéaux, au chômage pour certains, Bahar Kimyongür ajoute ce qu'il appelle la «majorité silencieuse», ceux qui se comptent par plusieurs dizaines et dont on ne parle jamais. «Ne sous estimons pas l'impact, la sympathie que soulève l'Etat islamique dans les rues européennes. Il y a une banalisation totale des symboles, du discours, et de ce principe insupportable qu'il faut haïr par amour de dieu ».

Ces activités étaient planifiées depuis un appartement d'Anvers qui servait de quartier général à Sharia4Belgium. Cinq sessions idéologiques ou physiques y étaient organisées chaque semaine. La participation aux réunions, qui comprenaient également des entraînements au combat, était obligatoire pour les membres sous peine de sanctions. Les jeunes y apprenaient les principes du salafisme.

Les leaders et membres de Sharia4Belgium qui ont rallié la Syrie pour y combattre ont rejoint des groupes salafistes inspirés d'Al-Qaïda tels que le front Al-Nosra et Majlis Shura. La Syrie constitue l'endroit idéal pour mettre en place un Etat islamique, selon ces organisations, tant géographiquement qu'en raison de l'instabilité politique qui y règne.

Lorsque les recrues étaient suffisamment imprégnées du discours idéologique, elles commençaient à prendre part à des actions violentes, selon le ministère public. En mars 2010, le groupuscule se fit pour la première fois remarquer en perturbant une lecture de l'auteur néerlandais Benno Barnard à l'université d'Anvers. D'autres faits suivirent, tels que des affrontements avec la police à la suite d'un prêche de rue en décembre 2011, l'incident lié au contrôle d'identité d'une femme portant le niqab à Molenbeek en mai 2012 ou encore l'action de protestation contre le film "L'innocence des musulmans", en septembre 2012 à Anvers.

A partir d'août 2012, l'ensemble des leaders et la plupart des membres du noyau dur du groupuscule - à l'exception de Fouad Belkacem - sont partis combattre en Syrie.

Majlis Shura

Le groupuscule Majlis Shura, qui ne rassemblait que quelques combattants, s'est développé au point de compter plusieurs centaines de membres à la mi-2013. Son quartier général se trouvait à Kafr Hamra, où les hommes étaient répartis entre le "palais" et la "villa". Le prévenu Houssien E., qui serait entre-temps décédé, était l'"émir" de la villa. Il devait notamment approuver l'intégration des nouveaux combattants.

Parmi les activités du groupe figuraient des entraînements religieux et physiques, des missions armées contre les militaires gouvernementaux du président al-Assad, des missions de surveillance ou de logistique, mais aussi des enlèvements et des meurtres de mécréants. Majlis Shura a intégré l'Etat islamique à la mi-2013. Des combattants étrangers ont également rejoint le front Al-Nosra, un groupe terroriste similaire.

Le procès en 2014

Fouad Belkacem est à l'origine de l'organisation en 2010 et a commencé, avec Feisal Y. (31 ans), Nabil K. (23 ans), Brahim B. (28 ans) et Hicham C. (32 ans), à recruter des jeunes en les abordant en rue via des "Street Dawah" et des prédications en rue. Les personnes recrutées par l'organisation recevaient un endoctrinement religieux et idéologique, participaient à des actions de protestation et ont également été, dans une phase ultérieure, envoyer en Syrie pour combattre.

Fouad Belkacem en était l'incontestable numéro 1, il en était le fondateur, le porte-parole, le prédicateur et la personne de contact pour les groupes étrangers similaires. Fouad Belkacem avait une fonction de leader dans chaque activité du groupe. Il en diffusait l'idéologie salafiste, recrutait les membres et s'occupait de leur endoctrinement. Les prévenus Jejoen Bontinck, Elias T. et Walid L. ont notamment raconté comment ils avaient été inspirés par sa manière de prêcher et déclaré qu'ils le considéraient comme un père spirituel.

Il était également à la base des actions violentes. Il avait ainsi mobilisé par téléphone ses jeunes recrues afin qu'elles aillent attaquer le commissariat de Molenbeek (Bruxelles) après l'incident du niqab, le 31 mai 2012. Le ministère public considère qu'il a incité à la haine et à la violence et que les départs massifs vers la Syrie en sont le résultat.

D'autres prévenus ont décrit Fouad Belkacem comme le leader incontestable du groupuscule. Celui-ci avait reconnu lors de l'enquête qu'il avait fondé Sharia4Belgium, mais a nié toute violence ou entraînement au combat. Il considère les vidéos appelant au djihad comme de la pure théologie et de la simple provocation, et dément avoir enrôlé des personnes en vue de les envoyer en Syrie.

Un prosélytisme violent, qu'il nie mais qui le conduit pourtant aujourd'hui, aux côtés de 45 autres prévenus, sur le banc des accusés. Il encourt jusqu'à 15 ans de prison pour être à la tête de cette organisation soupçonnée par ailleurs d'avoir incité et acheminé des jeunes belges en Syrie. Lors des auditions, Fouad Belkacem avait adopté un ton provocateur et injurié les enquêteurs. Bilal E.M. s'est par ailleurs présenté au tribunal, ce qui porte le total de prévenus physiquement présents à neuf.

Michaël Delefortrie, un Belge parti combattre en Syrie poursuivi au procès pour terrorisme de Sharia4Belgium devant le tribunal correctionnel d'Anvers, a déclaré durant la pause de midi qu'il ne désavouait pas son ancien leader Fouad Belkacem. Il estime que le ministère public a sorti des éléments de leur contexte. Le prévenu, âgé de 26 ans et en liberté sous conditions, a notamment fait référence aux "entraînements" de Sharia4Belgium sur lesquels s'est attardé le ministère public. "Nous avions effectivement un planning, un agenda. Mais nous ne faisions que du sport" et rien d'autre, a-t-il assuré.

L'Anversois a minimisé l'importance des vidéos appelant à la lutte armée, soulignant que nombre d'entre elles n'étaient que de la musculation verbale. "Si ces vidéos étaient illégales, pourquoi personne n'est-il intervenu? ", a-t-il demandé. "

Interrogé par les médias lors d'une interruption au procès pour terrorisme de Sharia4Belgium, à Anvers, Dimitri Bontinck s'en est pris à l'ancien leader du groupuscule. "Comme toujours, il rit. Ben Laden rigole depuis l'enfer, Belkacem depuis sa cellule", a déclaré en anglais le père du jeune Jejoen, qui est à la fois prévenu et victime dans ce dossier. Pour M. Bontinck, il est clair que Fouad Belkacem est coupable d'avoir enrôlé des jeunes gens afin de les envoyer combattre en Syrie. Il réclame l'acquittement de son fils, "qui ne serait jamais parti sans Sharia4Belgium", a-t-il insisté.

Selon Dimitri Bontinck, son fils reçoit encore régulièrement des menaces, notamment de mort. Il en tient le ministère public pour responsable. "Les témoignages de Jejoen ont été utilisés pour poursuivre d'autres personnes. A l'étranger, il aurait déjà reçu une autre identité."

M. Bontinck s'en est enfin pris au monde politique, qu'il accuse de ne pas faire le nécessaire pour empêcher que des jeunes partent combattre en Syrie. "Des mineurs pénètrent encore sur le territoire syrien en ce moment. Il faut davantage de prévention et de contrôles dans les aéroports. Les politiques doivent prendre leurs responsabilités."

De son côté, Abdel Rahman Ayachi n'a pas eu le temps d'être jugé. Il est mort, en juin 2013, en Syrie où il dirigeait les Faucons du Cham, une armée de 600 hommes. Installé avec son père à Molenbeek, depuis le début des années 90, il se cachait derrière le site internet Assabyle dont les forums permettaient d'établir une liaison directe entre les futurs combattants et leur chef spirituel, un prédicateur franco-syrien, le cheikh Bassam Ayachi... son père. Pour cela, père et fils avaient monté une petite structure familiale, le Centre islamique belge, le (CIB), à Molenbeek. Où ils ont notamment fréquenté le Tunisien Abdessatar Dahmane, auteur de l'attentat qui a tué, en 2001, en Afghanistan, le commandant Massoud. Deux jours avant les attentats du 11 septembre.

Le procès pour terrorisme à charge de l'organisation Sharia4Belgium avait lieu devant le tribunal correctionnel d'Anvers. Au total, 46 prévenus, dont Fouad Belkacem (32 ans), comparaissent comme dirigeants ou membres d'une organisation terroriste. Le procès, qui suscite une grande attention de la part des médias belges et étrangers, est accompagné de mesures de sécurité supplémentaires. L'enquête relative à l'organisation a débuté en février 2012 et a mené à 48 perquisitions le 16 avril 2013 à Anvers, Bruxelles, Boom, Vilvorde, Schaerbeek et Charleroi. Fouad Belkacem, ancien porte-parole de Sharia4Belgium, avait également été arrêté à cette date et est depuis en détention préventive.

Ces cinq prévenus ainsi qu'Elias T. (24 ans) et Houssien E. (23 ans) et neuf autres comparaissent comme leaders d'un groupe terroriste et risquent jusqu'à quinze ans de prison. Ces prévenus poursuivis pour avoir participé à des activités d'un mouvement terroriste risquent jusqu'à cinq ans de prison. Jejoen Bontinck (19 ans) fait partie de ce groupe mais est considéré comme une victime par le parquet fédéral belge. Lorsqu'il a souhaité rentrer de Syrie, le jeune homme a été retenu par une trentaine d'autres prévenus. Il a fait des aveux complets à son retour en Belgique.

D'autres noms impliqués dans ce procès sont ceux de Michaël Delefortrie (25 ans), combattant de retour de Syrie et Brian De Mulder (21 ans), qui s'y trouve toujours en Syrie. Il est poursuivi pour des menaces à l'encontre du ministre de la Défense en Affaires courantes Pieter De Crem et l'homme politique néerlandais Geert Wilders.

L'attaque contre un commissariat de police à Molenbeek-Saint-Jean le 31 mai 2012, après l'interpellation d'une jeune femme en niqab, forme également un autre volet, dans lequel doivent comparaître notamment Fouad Belkacem et Hicham C. Sur les 46 prévenus, 38 feront défaut. Il est probable que ces derniers se trouvent actuellement en Syrie ou qu'ils soient entre-temps décédés.

Ce procès fait l'objet de mesures de sécurité supplémentaires et la présence policière sera renforcée. La police recommande à toute personne dont la présence au palais de Justice et sur la Bolivarplaats n'est pas requise de rester à l'écart. "Il s'agit du plus grand procès pour terrorisme qui ait jamais eu lieu à Anvers et peut-être même en Belgique, donc nous ne laissons rien au hasard au niveau de la sécurité", a indiqué la porte-parole de la police, Veerle De Vries.

Jejoen Bontinck

Jejoen Bontinck est poursuivi devant le tribunal correctionnel d'Anvers pour participation à des activités d'un groupe terroriste. Il était, selon l'accusation, membre du noyau dur de Sharia4Belgium. Il était parti en février 2013 en Syrie où il était resté pendant huit mois. A son retour en Belgique, il a livré des aveux détaillés, sur ses propres actions mais aussi celles d'autres personnes. Jejoen Bontinck s'est radicalisé fin novembre 2011. Il était entré en contact avec Sharia4Belgium via le co-prévenu Azeddine K.B. Des cours lui ont été donnés par Fouad Belkacem, porte-parole de Sharia4Belgium.

Jejoen Bontinck allait régulièrement au quartier général de Sharia4Belgium à Anvers. Il est parti le 22 février 2013, à la demande d'Azeddine K.B., en Syrie où il a été accueilli par Houssein E. et Feisal Y. Il a immédiatement été conditionné sur place, recevant une formation tactique et idéologique, mais il avait déjà presque tout appris avec Fouad Belkacem, selon ses propres déclarations.

Il a été enfermé le 5 mars 2013, les "autres" se méfiant de lui car il voulait rentrer chez lui. Il était perçu alors comme un espion. Lors de sa détention, il a été battu avec notamment des câbles électriques et humilié. Il a été libéré le 22 septembre 2013 et a participé durant deux semaines à des activités du groupe de l'Etat islamique. Il portait alors une mitraillette de type Kalachnikov. Il passait ses moments libres à Alep où il est entré en contact sur Internet avec son père qui l'a aidé à quitter le pays. Après être resté six jours aux Pays-Bas, il est retourné en Belgique le 18 octobre 2013, où il a été arrêté.

Il a d'abord expliqué aux enquêteurs qu'il était parti comme volontaire mais a fait état ensuite des mauvais traitements physiques et psychologiques subis en Syrie et de sa détention avec des otages journalistes, dont James Foley, décapité ensuite par le groupe Etat Islamique. Après avoir éclairé le tribunal correctionnel d'Anvers sur l'idéologie, les objectifs et les activités de Sharia4Belgium, le ministère public a détaillé le rôle joué par chacun des 46 prévenus au sein du groupuscule poursuivi pour terrorisme.

Jejoen Bontinck lui-même avait fait des déclarations similaires lors de son audition. "Belkacem était mon père spirituel, la manière dont il parlait était unique. Les leçons agissaient comme une seringue. J'étais complètement aspiré par l'organisation et ses idées. Je ne serais jamais parti en Syrie sans cela.